世界史书系

远古史

李晓嘉◎著

山西出版传媒集团 三晋出版社

图书在版编目（CIP）数据

极简世界史 . 远古史 / 李晓嘉著 . -- 太原：三晋
出版社 , 2024. 8. -- ISBN 978-7-5457-3060-9

Ⅰ . K109

中国国家版本馆 CIP 数据核字第 2024JA1363 号

极简世界史·远古史

著　　　者：	李晓嘉
责任编辑：	落馥香

出 版 者：	山西出版传媒集团·三晋出版社
地　　　址：	太原市建设南路 21 号
电　　　话：	0351—4956036（总编室）
	0351—4922203（印制部）
网　　　址：	http://www.sjcbs.cn

经 销 者：	新华书店
承 印 者：	三河市同力彩印有限公司

开　　　本：	787mm × 1092mm　　1/16
印　　　张：	11.5
字　　　数：	122 千字
版　　　次：	2024 年 8 月 第 1 版
印　　　次：	2024 年 8 月 第 1 次印刷
书　　　号：	ISBN 978-7-5457-3060-9
定　　　价：	68.00 元

如有印装质量问题，请与本社发行部联系　电话：0351—4922268

目录

时代背景 001

混沌间的萌芽 ······ 002

历史事件 009

我从哪里来 ······ 010

劳动使人进步 ······ 015

人多才能办大事 ······ 023

快看！好大的金字塔！ ······ 028

国与国之间的第一次战争 ······ 037

土地肥沃的美索不达米亚平原 ······ 043

国有国法，家有家规 ······ 050

聪明的两河流域居民 ······ 054

善于征战的民族 ······ 060

目录

紫红色的航海者 …… 066

犹太人的王国 …… 071

印度河旁最早的文明 …… 077

雅利安人出现了 …… 083

爱琴海的曙光 …… 087

希腊神话的源头 …… 094

黑暗中的史诗与传奇 …… 101

黄河上升起的太阳 …… 111

历史的齿轮在转动 …… 116

历史人物 123

奠定西周的周文王 …… 124

开创周朝的英明君主——周武王 …… 129

史诗的巨匠与传奇的缔造者——荷马 …… 134

胡夫：埃及新王朝的巨匠 …… 138

汉谟拉比：两河流域的正义之王与法典缔造者 …… 143

忒修斯：雅典的英雄传奇 …… 146

扫罗：以色列联合王国的首任君主 …… 150

大卫王：以色列的辉煌与荣耀 …… 153

所罗门：智慧之王 …… 155

传奇法老：拉美西斯二世的辉煌与传奇 …… 159

阿喀琉斯：半神之躯，英雄之魂 …… 164

尼布甲尼撒二世：巴比伦的辉煌与荣耀 …… 169

穆瓦塔里二世：赫梯的智勇之王 …… 175

时代背景

混沌间的萌芽

  人类世界的历史至今已走过了十分漫长的发展道路，本书所要讲述的故事要从几百万年前说起。几百万年的最开始，人类祖先只能使用粗糙且笨重的石器进行劳动，靠着采集野果和打猎野兽维持生活。我们的祖先在与残酷的大自然进行斗争的同时，还在这种磨炼中学会了如何改造自己，并与环境和平共处。就这样一点一点地累积着从地球母亲那里得到的智慧，人类从一开始的"靠山吃山，靠水吃水"，最终摸索出了自己生产食物的方法。再接着，人类最初的文明就依靠着陆地上的江河湖海逐渐发展起来了。

  自公元前 8000 年至公元前 7000 年，在世界各地先后形成了几大各有特色的农业中心。农业劳动所生产出的粮食使各地人口不断增长，种植的土地不够了，人们便想各种办法去扩大耕地，以便种出更多的粮食来养活更多的人。小麦和大麦最早在美索不达米亚平原开始种植，经过漫长的时间，小麦和大麦的种植面积向西方扩散到欧洲，向东方扩散到亚洲南部，甚至跨越过了喜马拉雅山脉，到达印度次大陆地区。中国由黄河到长江，印度由印度河至恒河，中西亚的美索不达米亚平原与伊朗高原，欧洲由地中海沿岸到波罗的海南部，都先后成为种植粮食的好地方。

农业的发展与劳动工具的使用，让人类的劳动力得到了很大提高。充足的食物让人们有更多的精力去完成农业劳动以外的活动，比如手工制造、铜和铁的开采、修建河道防范水灾、建造居住的房子……生活中出现了劳动的分工，出现了物品交换，每个人手里的东西开始有多有少，有些人成为可以管理大部分百姓的头头，接着国家的模样就形成了。

最早的国家大多出现在亚洲、非洲和欧洲的江河湖海旁，多是以城市作为中心的小型国家或部落。这些国家和部落除了努力保护自己居住的地方不受自然灾害破坏之外，还会时不时和附近的国家或者部落"打架"。赢的一方获得更多的土地和人口，输的一方就可能在这个世界历史大舞台上消失了。经过一段时间，在人类记忆中留下名字的古代国家便带着它们各自独特的文明继续发展，在陆地上创造出了辉煌而有趣的历史。

在文明萌芽之后，故事就得分成几个部分慢慢道来。印度河流域、尼罗河流域、爱琴海地区、两河流域和黄河流域是古代文明的摇篮，我们将从印度河开始，逐个讲述生活在这些江河湖海旁的人们所创造的历史。

公元前 2500 年至公元前 1750 年，印度河流域诞生了哈拉巴文化，它持续了 800 年左右，在历史的长河中悄悄地消失了。随后而来的吠陀时代，由从美索不达米亚平原迁徙而来的雅利安人发扬光大，他们在印度这块土地上创造出了婆罗门教，也创造出了以这种宗教作为背景的神话故事，由此构成了印度文化的发展基础。

▲原始人生活场景图

古埃及文明则诞生在尼罗河流域，在公元前 6000 年至公元前 5000 年就已出现。古埃及令人印象深刻的不只是巨大的金字塔、神秘的木乃伊，以及那些奇特又有趣的象形文字，它的军事力量也不可小瞧。埃及与赫梯在叙利亚卡迭石地区所进行的战争有着不小的意义，这是人类历史上第一次两个不同地区（埃及位于非洲北部，赫梯位于现在的土耳其附近）的强国，为了争夺不属于彼此的土地而进行的战争。这场战争除了给两个国家带来了灾难，也向我们展示了古代文明古国在公元前 2000 年左右就已经有了联系，世界各地的文明渐渐开始交流。

两河流域的"两河"指的是幼发拉底河和底格里斯河。在两河之间的美索不达米亚平原上产生和发展的古文明，被称为两河文明或美索不达米亚文明。它大体位于现今的伊拉克，其存在时间从公元前 4000 年到公元前 2 世纪，是人类最早的文明。在这片肥沃的土地上，诞生过不少城邦与国家。苏美尔人、阿卡德人、阿摩利人、亚述人、埃兰人、喀西特人、胡里特人、迦勒底人等民族先后进入美索不达米亚，他们先经历史前的欧贝德，早期的乌鲁克、苏美尔和阿卡德时代，后来又建立起先进的古巴比伦和庞大的亚述帝国。迦勒底人建立的新巴比伦将美索不达米亚古文明推向了鼎盛时期。

而在希腊和爱琴海沿岸发展起来的爱琴文明，则是希腊乃至西方文明的源头。和其他在大河边成长起来的文明不同，爱琴文明依靠海洋的独特位置，让居住在这里的人们热爱出海远洋，喜爱坐船前往各地做生意。在文明的萌芽阶段，爱琴文明还没有开始大显身手，到了上古史的故事中，这个地区的人们会给我们带来更多的惊喜。

领略完世界各地文明的精彩后，也别忘了我们脚下的这片土地，黄河流域也有着灿烂辉煌的历史。公元前 21 世纪兴起的夏王朝是中国文明的起点，虽然在古代文献中对夏朝的记载不多，但考古发掘出的遗迹和文物向我们证明了夏朝确实存在。中国处于商周王朝时，印度的哈拉巴文化已经消失，正处于雅利安人的吠陀时代；两河流域的古巴比伦王国已经消亡，亚述帝国正在逐渐发展成为地区强国；这时的埃及正与赫梯为了叙利亚卡迭石地区交战；爱琴海地区正进入铁器时代，等待着文明曙光的到来。

原本在动物间懵懂的人类已经成长为万物之灵，并在陆地上播种了一个又一个的文明种子。这些承载着智慧的萌芽如何从播种，到萌发，再到抽芽的故事，便是这本书要细细讲述的。

我从哪里来

根据古生物学的研究，地球在 46 亿年前诞生，并形成了我们脚底下所站着的土地，也就是"地壳"。从产生地壳开始，地球的历史可以分为五个代：太古代（约 46 亿年前—25 亿年前）、元古代（约 25 亿年前—6 亿年前）、古生代（约 6 亿年前—2.25 亿年前）、中生代（约 2.25 亿年前—7000 万年前）、新生代（7000 万年前—现在）。

地球上最早的生物出现在太古代，到了元古代的晚期，多细胞生物诞生了。古生代时出现了生活在水里的脊椎动物，这些原始的脊椎动物渐渐发展成了鱼类。鱼类又分化出许多分支，其中有一支演化成两栖动物。两栖动物中的一个分支又演化成爬行动物。爬行动物在中生代数量增多，其中最为大家熟知的就是各种各样的恐龙了。

人类起源于新生代。新生代分第三纪和第四纪，第三纪里又有古新世、始新世、渐新世、中新世、上新世，第四纪里还有更新世与全新世。第三纪是哺乳动物迅速发展的时代，在第三纪的始新世早期，开始出现最早的灵长类。到了渐新世时，从灵长类中先后分出了猴类与猿类。最早的人类，就是从古猿演化而来的。

从这复杂的动物进化过程我们可以看到，人类在自然界中是渺小的。现代人也是动物的一种，我们在动物界中的位置可以这样表示：

脊索动物门，脊椎动物亚门，哺乳动物纲，灵长目，人科，人属，智人种。

在动物中，和人类最接近的是现代类人猿，比如长臂猿、猩猩、大猩猩以及黑猩猩，都是我们人类的"远房亲戚"。一般认为长臂猿与人类关系较远，而黑猩猩和大猩猩与人类关系较近。但它们并不是我们人类的祖先，人类的祖先是早已灭绝了的某种古猿。

在第三纪的渐新世，猿类从猴类分化出来。目前最早的古猿是1911年发现于埃及法雍的原上猿，它的生存年代为3500万年—3000万年前。之后在法雍又发现了另一种古猿化石，生存年代约为2800万年—2600万年前，被命名为埃及古猿。比埃及古猿更晚的是森林古猿，在亚非欧三大洲都有它的踪迹，生存年代约为2300万年—1000万年前，这时已经是第三纪的中新世了。

原上猿、埃及古猿及森林古猿都是成群生活在树上的，它们用四足行走，手臂能够攀着树枝悬挂。它们的前肢和后肢在这时已经有了不同的用途。

森林古猿后来分化出巨猿、西瓦古猿和腊玛古猿，其中腊玛古猿在外形上与人类比较接近，所以腊玛古猿（生存年代约为1400万年—700万年前）有可能是最早从猿到人过渡期间的生物。

在腊玛古猿之后出现了南方古猿，这是现今可以确定的从猿到人过渡期间的生物。南方古猿的化石最早发现于1924年的南非汤恩，之后在东非和南非的其他地方也发现了不少。南方古猿的外形和人类接近，拇指和其他四根手指可以对握，可以使用天然的工具；它的脑容

量比人类要小一些，大约有 500 毫升，但结构比较复杂，可能已经具有语言能力。

从猿到人的过渡时期，经历了 1000 多万年。在这段时间里，我们的祖先在长期使用天然工具（比如树枝、石块）的过程中，终于摸索出了如何自己制造工具。懂得如何制造工具就意味着人类懂得了思考，这种会思考的能力是我们人类与其他动物的不同之处。当我们的祖先会思考的时候，从猿到人的过渡时期也结束了，从此人类的发展进入了新的阶段。

结束了过渡阶段后，人类的进化还在继续。最早的人属成员一般是指直立人之前的人类，一般被称为"能人"。能人化石最早是于 1960 年在坦桑尼亚发现的，在发现能人化石的地方还发现了一些由石块组成的工具。能人的手脚与现代人相似，生活在距今约 180 万年前。

能人进一步发展为直立人，直立人生存在距今约 170 万年至 20 万年前。最早的直立人化石于 1890 年在印度尼西亚爪哇被发现，被定名为直立猿人。1929 年在中国北京周口店发现的北京猿人遗址里，除了大量石器外，还有用火的痕迹，说明这个时期的直立人已经脱离了猿的阶段，学会使用火了。

直立人之后是生活在距今 25 万年至 4 万年前的早期智人，其化石 1856 年发现于德国杜塞尔多夫城附近的尼安德特河谷，因此早期智人又曾经被称为"尼安德特人"。早期智人已经与现代人十分相似了，脑容量达到了 1330 毫升—1750 毫升。

那我们现代人是何时出现的呢？

▲直立人复原图

　　我们现代人属于晚期智人的范围内，也被称为现代智人。但是从古人类学的角度认为，晚期智人是指距今5万年前至1万年前的化石人类。晚期智人的化石分布十分广泛。欧洲有法国的克罗马农人、库姆尔佩尔人和捷克的普雷德莫斯特人等，在欧洲发现的晚期智人化石已经与现代的欧洲人十分相似了。在非洲发现的南非弗洛里斯巴人、边界洞人、克莱西斯河口人及东非坦桑尼亚的加洛巴人、埃塞俄比亚的奥莫人，在形态上也显示出了非洲黑人的特征。在亚洲发现的加里

▲北京人头部复原像   ▲山顶洞人头部复原像

曼丹岛尼阿洞人、爪哇梭罗人、瓦贾克人、柳江人、山顶洞人、河套人等，也可从头骨的特征中看出亚洲人的样貌。

这些在样貌上稍显不同的晚期智人化石向我们说明了，在晚期智人出现的时候，现代人种也在逐渐发展。人种的形成一般是自然环境长期影响的结果，是生活在不同地区的人类对于自然的适应。人种的差异表现在外貌上，这些外貌的差异并不直接影响人类的智力发展。生活在地球上的人类，都是同一种灵长类动物。

劳动使人进步

人类最初使用的工具主要是石器，所以考古学者把使用石器的时代叫作"石器时代"。根据对石器的使用水平，石器时代又可以大致分为旧石器时代和新石器时代。

首先来认识一下旧石器时代吧！

旧石器时代，人们制造的生产工具主要是用石头做的，偶尔也会有用木头、骨头和动物的角做成的工具。

旧石器时代分为早、中、晚三个时期。旧石器时代早期相当于直立人的阶段。目前最早的石器是1977年在非洲埃塞俄比亚的哈达尔地区发现的，距今270万年至250万年。石器最开始的制作方法十分简单，就是在石头的一端打出几个锋利的缺口，这种简单的工具在非洲的埃塞俄比亚、坦桑尼亚、肯尼亚和南非都有发现。

到了旧石器时代的中期，人类进入了早期智人阶段。这个时候的石器形状变得更加规整，制作方式也有了进步。在欧洲，典型的石器是穆斯特文化的小型尖状器和刮削器。

旧石器时代的晚期相当于晚期智人阶段，这时候的石器形状更加漂亮了。人们已经可以制造各种各样的工具和武器，也学会了对石器进行磨制，用骨头制成的鱼叉、鱼钩、骨针等也被使用在日常生活当中。

旧石器时代的人过着怎样的生活呢？

旧石器时代的人们主要是通过采集天然产物来填饱肚子，他们的基本食物是容易得到的果实、昆虫和小动物。到后来，人们慢慢地学会了狩猎，从狩猎中得到的肉类逐渐成了我们祖先补充体力的主要来源。肉类中的蛋白质、脂肪和碳水化合物等营养促进了大脑的进化和身体的强健。但生肉和果实很容易让人吃坏肚子，所以对于我们的祖先来说，用火这件事就很重要了。火不仅可以将生食变熟，还能用来照明和取暖。这个时候人们已经有了骨针这种物品，看来他们也明白了如何缝制衣服。火和衣服，让人的御寒能力提高，使得我们的祖先可以搬到比较冷的地方居住。于是，人类开始有了迁徙的想法。到了旧石器时代晚期，美洲和澳大利亚已经有人类活动的痕迹了，这可能就是我们的祖先迁徙的证据。

虽然狩猎收获很大，但它的成功率不高，所以在这个时代采集仍是人们日常填饱肚子的主要选择。

人类又是在什么样的情况下进入新石器时代的呢？

在进入新石器时代之前，地球的气候和环境发生了很大的变化——全球开始变暖了。欧亚大陆的冰原被森林和草原取代，曾经湿润多雨的非洲也变得干燥炎热。旧石器时代的很多大型动物因为气候突变而灭绝，那些适应了森林和草原的小型动物逐渐增多，这就让人类狩猎的目标有了变化。气候变暖也让适宜农业活动的地区变大。在江河湖海附近，人类的食物来源变得更加丰富了。

▲肖维岩洞壁画，距今 3.7 万年至 2.8 万年前，旧石器时代的尾巴，人类
向狩猎转变

▲肖维岩洞壁画，距今 3.7 万年至 2.8 万年前，旧石器时代的尾巴，人类
向狩猎转变

接下来，就让我们正式认识一下新石器时代吧！

在新石器时代，出现了农业和畜牧业。公元前8000年至公元前3500年时，人们在长期的劳作中，掌握了一些植物的生长规律，慢慢地学会了如何种植它们。在这个时期，世界上主要的农耕中心有三个：西亚、东亚与南亚、中南美洲。

西亚的扎格罗斯山区、小亚细亚半岛南部以及东地中海沿岸是世界上最早的农业发源地，也是大麦、小麦等栽培作物的原产地。在公元前8000年，这些地区的人们就已经开始从事农业劳动，并学会了驯养动物。

东亚的早期农业区主要在现在的印度、泰国和中国地区。古印度在公元前4500年左右开始栽培水稻。公元前7000年时，泰国北部已开始种植豆类、葫芦、黄瓜等作物，最晚到公元前3500年就已经学会了如何种植水稻。中国的黄河中上游、长江中下游也很早就开始种植粟与水稻了，公元前5300年的河北磁山遗址中有粟的堆积，浙江的河姆渡遗址表明，在公元前4900年已有了可以种植水稻的条件。

中南美洲的墨西哥、秘鲁、玻利维亚分别是玉米、豆类、马铃薯等作物的原产地。

新石器时代的农业是十分原始的，所谓的农具不过就是一根削尖了的木棒。人们先是把土地上的树木砍了，或者直接烧了，然后用木棒和石器来开垦与播种。这个时候农业的收成还不太稳定，所以人们在耕地的同时，还会进行采集和狩猎来保证自己不会饿肚子。

畜牧业是从新石器时代开始发展起来的生产活动。它是由狩猎慢

▲撒哈拉沙漠岩画中的狩猎场景（公元前 6000 年—公元前 1000 年）

▲彩陶·中国仰韶文化（约公元前 5000 年—公元前 3000 年）

慢发展而来的。狩猎毕竟是一种收获虽大但危险性也很高的活动。随着人们逐渐在水边定居以及农业的发展，人们把在狩猎中偶然获得的野兽幼崽进行暂时的圈养，久而久之便发展出了专门饲养动物的畜牧业。

伊朗西部阿里库什遗址出土的动物骨骼告诉我们，在公元前 7000 年左右，西亚已经开始饲养绵羊和山羊。土耳其的恰约尼遗址是最早饲养猪的地方。西亚和希腊是最早饲养牛的地区。人们饲养马的年代就要晚一些了，乌克兰草原在公元前 4000 年左右开始养马，是最早驯化马的地区。

新石器时代人们的生活比之前要稳定不少。在吃饱喝足的情况下，人们开始对日月星辰、水涨潮退、春去秋来等自然现象产生了兴趣——原始的科学在这时候播下了种子。人们也开始建造可以长期居住的牢固房子，也懂得了在建造房子时选择不容易被野兽袭击、不容易被自然灾害破坏的地方，并根据地点的不同对房子的外形做不同的改造。

这就意味着，文明即将诞生了。

人多才能办大事

新石器时代的晚期，人类开始学习如何使用金属。人类最先学会的是冶炼铜（也叫红铜）。但红铜是一种很柔软的金属，用它制作出来的工具不如石头做的坚硬。所以在新石器时代的晚期，人们主要使用的仍然是石器，而将铜器作为辅助工具。

为了增加红铜的硬度，人类逐渐学会了冶炼铜和锡的合金，这种合金我们一般称为"青铜"。青铜的硬度比红铜高，又比红铜容易打制，所以在之后的很长一段时间内，它成了制造各种劳动工具和武器的主要材料。在公元前3000年左右，西亚的两河流域及中欧的多瑙河流域就已经出现青铜器了，南亚的印度河流域也开始普遍使用青铜。

除了红铜和青铜外，铁也是在人类发展过程中起到重要作用的金属。世界上最早发明炼铁技术的是位于两河流域北部的米坦尼王国，时间是公元前1400年左右。欧洲的铁器时代则是从公元前1000年初的哈尔施塔特文化开始的。非洲南部和撒哈拉地区到了公元前1世纪进入铁器时代。中国的商代晚期，人们虽然对铁有所了解，但还没有掌握冶炼铁的技术，直到春秋晚期才掌握了冶炼和使用铁器的技巧。

当人类开始了解并掌握如何使用金属，就意味着原始社会阶段要结束了。劳动工具的制作材料由石头和骨头变成了金属，这使得劳动

效率得到了大幅提升。从事农业和畜牧业的人们生产出了超过维持生命所必需的食物总量，由于农业和畜牧业各自生产出的食物不同，为了各自的生活需要，一些部落之间便出现了剩余产品的交换。比如，畜牧部落用牲畜和肉类去换取从事农业的部落所生产出的粮食。这种以物易物的交换便是"买卖"的原型。

善于从事这种"买卖"的人慢慢变得比其他人要富有，原本"有福同享，有难同当"的部落里出现了财富的不均等。这种拥有比较多粮食和牲畜的人将财富留给下一代，这个家族在部落里也就逐渐有了权力，逐渐成为这个部落里掌管权力的家族。于是，部落的首领就诞生了。部落与部落还可能会有联合在一起进行扩大领土和抢夺人口的行动。如果好几个部落联合起来，最厉害的那个部落首领又会成为这个部落联盟的军事头目。长时间的联合让部落与部落之间有了合并的现象，那么这个军事头目就会被固定成为掌管这个"大部落"的角色。部落联盟就是国家和文明诞生的摇篮。

我们说了那么久的史前历史，还没去了解人类在劳动外的生活呢！

在原始社会阶段，人类的脑袋里也思考了很多劳动以外的东西。当时的人类不管是对自己还是对周围的自然环境都不太了解。他们把山川日月和风雨雷电当作是和自己一样具有生命力的东西，这种认知使得他们对大自然和生老病死产生了恐惧，这种害怕的感觉慢慢地在人群中形成了一种习惯，让人们对大自然表现出崇拜的心理，久而久之便由此产生出了最早的宗教。

▲〔意大利〕米开朗琪罗《利比亚女祭司》

在原始社会的末期，宗教里被崇拜的神变得越来越多，专门管理崇拜仪式和宗教事务的人和团体就开始出现了。他们中有一部分人利用宗教崇拜作为他们控制他人的工具，从而逐渐成为部落中说话比较有分量的人群。

我们在交流时使用的文字也是在这个时候产生的。文字扩大了口头语言在人际交往中的作用，促进了人类文明的发展。

文字的产生经历了一个十分漫长的过程。在文字产生以前，我们的原始人祖先靠着语言进行交流。随着人类大脑的进化和生存条件的改善，单纯的口头语言已经不能满足日常生活的需要了。人们想把口头语言记录下来，想把记录下来的信息传递给别人看到，在这样的需求下，能够记录语言和含义的书写符号就慢慢产生了。

在世界各地都发现过两三万年前的骨块，上面有大小不一记号的刻痕。虽然我们还不清楚这些刻痕的具体含义，但这表明，早在旧石器时代晚期，原始人可能就已经开始尝试保存某些信息来帮助记忆。

结绳也是一种我们祖先用于传达信息和帮助记忆的方式。古代秘鲁的印加印第安人最擅长结绳记事。他们打结的绳子叫作"魁普"，意思就是"结子"，绳子上结的数目、大小、颜色及结与结之间的距离都有着固定的含义。

但无论是骨块上的刻痕，还是绳子上的结，一般都只能用来表示数量，没办法展示出实物的样子。于是原始人进一步发明了图画文字，用来表达更具体的东西。图画文字产生在新石器时代，当时的人们常常在树皮、石头、骨头或者皮革上用一整套的图画来表现某个完整的事件。但问题又来了，图画文字一般只能反映出内容和画面，对于比较抽象和复杂的概念是很难解释清楚的。

图画文字不算是图画，也不是文字，但它是文字产生的第一步。随后从图画文字又发展出了象形文字，象形文字是用比较抽象的符号来表示特定意义的文字，它有读音，当符号和读音能够对应上时，真正的文字就出现了。之后象形文字再演变出表意文字，表意文字的外形与所代表的意义已经没有了明显的联系，其读音被固定了下来，并成为组织语言可使用的"小零件"，它能更自由地被使用在句子中。

快看！好大的金字塔！

关于埃及，我们最先想到的可能是巨大的金字塔。但除了金字塔外，古埃及文明还有很多值得关注的地方。

埃及位于非洲的东北部，它的北面靠着地中海，东边是狭长的红海，而南边有邻居埃塞俄比亚和苏丹，西边还有一个邻国叫利比亚。从地图上我们可以看到，埃及的东边和西边都是沙漠，南边也有崎岖的地形，所以古时候住在埃及的人只能通过东北端的西奈半岛与西亚地区的人进行交流。

贯穿埃及的尼罗河是由发源于非洲中部的白尼罗河与发源于苏丹的青尼罗河交汇而成的。尼罗河流经森林和草原，在每年的 7 月至 11 月期间会带来洪水。洪水虽然会淹没农田，但也为尼罗河两岸的土地带来大量的水分，同时也将上游富有营养的泥沙冲到下游，使得埃及有了富饶的黑土地。尼罗河还为古埃及人提供交通上的便利，使人们能比较容易地来往于尼罗河沿岸的各个城市之间。

埃及在地理上分为两个区域：一个是被称作"上埃及"的狭窄河谷区域，另一个是被称作"下埃及"的尼罗河三角洲地区。在埃及的河谷地区几乎全年无雨，气候又干又热，生活所需要的水全要靠尼罗河。而北部的三角洲区域则因为靠近地中海，虽然夏天也是干燥炎热，但冬天气温适宜，同时还有丰富的降雨。

古埃及文明是由讲哈姆语的北非土著和讲塞姆语的西亚人共同创造的。从古埃及留下的雕刻和绘画来看，古埃及人有着大个子、黑头发、低额头、黑眼珠、长睫毛、直鼻子、宽脸庞、阔肩膀、黑皮肤等特征。约公元前6000年，人们放弃游牧而开始寻求固定的水源，在尼罗河的下游逐渐聚集并建立了村落。公元前4000年左右，在尼罗河流域逐渐形成了国家。至公元前343年为止，古埃及一共经历前王朝、早王朝、古王国、第一中间期、中王国、第二中间期、新王国、第三中间期、后王朝等9个时期31个王朝的统治。

听到这里是不是觉得很复杂？没错，古埃及的历史确实复杂且难懂，所以有一个学科专门研究古埃及的日常生活、语言、文学、历史、宗教、文化和艺术的，名叫"埃及学"。从事"埃及学"研究的历史学者们关注的主要是大约从公元前5000年开始到罗马帝国统治结束（公元7世纪左右）的内容。

说到埃及就会想起金字塔，那么金字塔是干什么的呢？

金字塔是古埃及国王的坟墓，因为外形与汉字的"金"很像，所以中国人把它称为"金字塔"。古埃及人是从古王国时期的第三王朝（公元前2686年—公元前2613年）开始建造金字塔的。第三王朝的第一位国王乔塞尔让他的建筑师为他设计坟墓，从而有了第一个金字塔。这个时候的金字塔还不是我们现在所熟悉的那种角锥体的样子，而是一层一层像台阶似的。

第四王朝（公元前2613年—公元前2494年）的第一位国王斯涅

▲纳赫特墓壁画（公元前 1410 年—公元前 1370 年）

夫鲁建造了三座金字塔，前两座的形状都没能让他满意。于是他又命人建造了第三座金字塔——一座真正角锥体的金字塔，从而完成了从阶梯式金字塔向角锥体金字塔的转变。

埃及最大的金字塔叫胡夫金字塔，是斯涅夫鲁的儿子胡夫当上国王后命人建造的。胡夫金字塔是由法老的弟弟海米昂设计的，建址在埃及开罗的市郊。胡夫金字塔高 146.59 米，底边长 230.37 米，总占地 5.3 万平方米，由于风化和塔顶的石块被盗，目前金字塔高 136.5 米，在 14 世纪之前是世界上最高的建筑，也是古代世界七大奇迹中仅存的一个。胡夫金字塔不仅仅指一座金字塔，在主塔周围还有数个小金字塔，也是建筑群的一部分，小金字塔中安葬了胡夫的妻子、母亲及其他贵族，在金字塔旁还有供建筑工人生活的村落。

埃及金字塔的功能不仅是充当墓穴，在统治者健在时还能举行盛大的仪式。当初，在未完工的金字塔前，都要建一座小型宫殿，统治者在位达 33 年时及此后每隔 3 年，都要在那里庆祝法老的生日。法老在庆典中要向群臣证明，他是一个英明的君主和勇敢的军人。

如此壮观的金字塔，要建造它一定很有难度吧！

关于金字塔的建造方法，我们目前还没有找到具体的文字记载。但有几种关于建造方法的猜想可以给大家提供参考。一种是用一个巨大的杠杆，一端用绳子绑住石块，另一端通过人力将石块吊往上方，然后将石块逐步往上堆砌。另一种推测是，用土堆成斜坡，环绕金字塔螺旋上升，然后利用木质滚轴将石块拉上去。也有人认为，第二种方法土堆的清除是一个很大的问题，因而推测开始用土堆，然后用杠杆。也有研究

▲ 狮身人面像及胡夫金字塔

▲建造金字塔

推测是将少量水倒入沙内减少摩擦力后，用滑车在沙地上运送石块。

金字塔是古埃及文明的象征，是古埃及劳动人民的智慧结晶。但修建金字塔这一庞大的工程给老百姓带来了很多负担，同时也把国家的劳动力和钱财花费在了国王个人的私欲上。据古希腊历史学家希罗多德说，金字塔由 230 万块巨石组成，平均每块重约 2.5 吨，修建胡夫金字塔共用了 30 年的时间，每年动用人工 10 万多人。

这样沉重的劳动负担引起了老百姓的不满，加剧了国内的矛盾，也削弱了法老的权力。经历过第四王朝时期金字塔带来的辉煌后，古王国于第六王朝灭亡。此后埃及陷入了数十年的饥荒和内乱，这一时期被称为"第一中间期"（公元前 2181 年—公元前 2040 年）。

国与国之间的第一次战争

　　这一章我们要讲述的历史事件发生在古埃及新王国时期的法老拉美西斯二世（约公元前 1279 年—公元前 1213 年在位）统治之时。新王国时期的法老们通过维护边境安全和加强与邻国外交，从而建立了一个空前繁荣的国家。这个时期，埃及与赫梯在叙利亚卡迭石地区的争霸是一个非常重要的事件。

　　叙利亚卡迭石是一个十分古老的文明地区，位于亚洲西部、地中海东岸。这个地区处于重要的商业交通要道上，所以从很早开始便有不少周围国家对其虎视眈眈。叙利亚卡迭石地区虽然历史文明悠久，但很长时间内都没有形成一个统一的国家，没有强大的力量去抵御来自南方的埃及、北方的赫梯及东方的巴比伦尼亚的侵略和威胁。

　　整个新王国时期，埃及和赫梯对于叙利亚卡迭石地区的争夺时断时续，终于在拉美西斯二世统治时期，双方的争夺战达到了高潮。

　　拉美西斯二世在开战前的计划是占领叙利亚卡迭石的沿海地区，以此作为据点，为之后打通海上交通线从埃及本土运兵做准备。所以拉美西斯二世在当上法老的第四年进行了一次实地演练，等到下一年雨季过后，他便率领自己的军队进攻叙利亚。与此同时，赫梯国王穆瓦塔里二世也将本国的军队调到了叙利亚地区。赫梯国王布置了 2 万

的战车兵在叙利亚的卡迭石城,时刻准备着与埃及军队决战。他把军队埋伏在了卡迭石城的东部,计划将埃及军队引诱到这里并集中消灭。

当时埃及军队正好抓获了两个赫梯间谍,据他们说,赫梯的军队还在离卡迭石城很远的地方。拉美西斯二世听信了这个假消息,自己率领了一个军团,打算孤军深入。在快到达赫梯军队所设置的陷阱时,拉美西斯二世再次审问了那两个间谍,才知道自己已经离危险不远了,这才急忙派人去通知援军,但赫梯军队在此时已经将拉美西斯二世的军团包围,并将其打得落花流水。幸运的是,赫梯并不知道埃及的法老就在军团之中,他们忙于抢夺埃及军队的物资,这才让拉美西斯二世幸免于难。之后埃及援军赶到,将赫梯军队驱走,这才解除了危机。

双方由此陷入了对峙的僵局,赫梯国王穆瓦塔里二世要求停火。拉美西斯二世接受了这个要求,于是双方暂时撤军。拉美西斯二世虽然没有战败,但军队伤亡惨重,埃及也没有在这场战争中获得任何新的领土。

在卡迭石城的战役后,双方都损失过半,已经没有再一决胜负的力量了,所以卡迭石城这场战役实际上也是埃及与赫梯之间争霸的结束。公元前1259年,赫梯的新任国王哈吐什尔向埃及提出了签订和约的要求,并派人将和约的草案刻在一块银板上送到了埃及。拉美西斯二世同意了赫梯国王的要求,至此正式结束了两国之间将近100年的争霸。

埃及与赫梯的战争是目前历史上第一场被正式记载在官方记录上

▲拉美西斯二世神像

的战争，这也是人类历史上第一场以签订成文和约作为结束的战争。这场战争和最后签订的和约具有非凡的意义，这是人类历史上第一次两个不同地区的强国（埃及在北非，赫梯在小亚细亚，两个国家距离十分遥远）为了争夺一个国境外地区而进行的长时间战争与交涉。虽然这场战争给叙利亚卡迭石地区的人民带来了巨大的灾难，也给埃及和赫梯双方国内的人民带来沉重的经济负担，但这也标志着在公元前2000年左右，地中海东部的各个文明古国之间已经有了逐渐紧密的联系，并且开始用和平或者暴力的方式打破彼此之间的孤立状态，开启了文明交流的历史进程。

关于古埃及，上一章我们了解了金字塔，其实古埃及的文化还有很多有意思的地方。古埃及文明是人类文明的五大发源地之一。古埃及人除以建筑金字塔、狮身人面像及制造木乃伊而闻名天下外，还发明了许多对后世影响深远的东西。古埃及人创造的象形文字对后来的腓尼基字母影响很大，而希腊字母是在腓尼基字母的基础上创造的，西方的拼音文字系统大多由此发展而来。此外，金字塔、亚历山大灯塔、阿蒙神庙等建筑体现了埃及人高超的建筑技术和数学知识，在几何学等方面有很大的成就。古埃及使用太阳历作为历法，因此现代西方也普遍使用太阳历。

古埃及文字创于公元前3500年，是一种被称为"圣书体"的象形文字。这种文字是人类最古老的书写文字之一，多刻在古埃及人的墓穴中或者纪念碑、庙宇的墙壁和石块上。1799年，在尼罗河三角洲的港口城市罗塞塔发现了"罗塞塔石碑"。石上刻有三种文字，分别是

▲古埃及象形文字·卡尔纳克神殿

圣书体、世俗体和古希腊文。历史学家一直不明白石刻上圣书体文字的意思，直到 1822 年，法国学者商博良发现，一直被认为是用形状表示意义的埃及象形文，原来也能表示读音，这一重大发现成为解读所有埃及象形文的关键线索。

古埃及拥有相当水准的天文学知识，他们通过观测太阳和大犬座 α 星（就是现在的"天狼星"，古埃及人把"天狼星"称作"索卜乌德"，意思是水上之星）的运行制定历法。古埃及人将一年定为 365 天，每年 12 个月，一个月 30 天，剩余 5 天作为节日。古埃及是最早使用太阳历的文明，这种日历和我们今天所使用的差不多。不过因为埃及处于热带，当时古埃及人把一年只分为 3 个季节，每季 4 个月，他们还发明水钟及日晷（以太阳的倒影来计时的仪器）这两种计时器，把一天分为 24 小时。考古学家发现古埃及人了解许多星座，如天鹅座、牧夫座、仙后座、猎户座、天蝎座、白羊座以及昴星团等。另外，古埃及人还把黄道恒星和星座分为 36 组，在历法中加入旬星，一旬为 10 天，这与中国农历中"旬"的概念类似。

土地肥沃的美索不达米亚平原

上一章我们谈到了发生在埃及与赫梯之间的战争，这个名叫赫梯的国家与两河流域的各个文明也有着千丝万缕的联系。从这一章开始，两河流域及其周边文明与国家的历史将会进入我们的视野。

所谓的"两河流域"究竟是哪里？

如果仔细观察世界地图，你就会发现，亚洲的西南部有底格里斯和幼发拉底两条大河。两条河流的上游地形崎岖，"两河流域"指的是这两条河的中下游地区，包括的范围大致相当于今天的伊拉克共和国。在两河之间的美索不达米亚平原上产生和发展的古文明称为两河文明或美索不达米亚文明，其存在时间从公元前4000年到公元前2世纪，是人类最早的文明之一。

美索不达米亚平原地区基本由沙漠、山峦和大海环绕而成。西边是叙利亚沙漠，北部是土耳其的托罗斯山脉，东部是伊朗的扎格罗斯山脉，南边靠着波斯湾。幼发拉底河和底格里斯河发源于土耳其东部的山脉和高地，随后几乎平行地向南流入波斯湾，沿两岸形成的冲积平原就是美索不达米亚。

两河流域处于干旱炎热的地区。但是每年春天，因为两河上游山区的积雪融化，流入两河的水会造成河水泛滥。不过两河流域的北部多山，河岸较高，所以河水泛滥也只能威胁到沿岸很小的一片地方。两河流域的南部则是广阔的平原，两条河之间的距离要比上游近，当过量的河水从上游冲下来时，南部的大部分地方会深受水灾的困扰。所以在人们掌握治理水灾的技术前，两河流域的下游其实是不太适合定居的。

考古资料表明，两河流域的石器时代文化遗址是在北部的山地，在新石器时代农业文化进入发展成熟的阶段时，南部的苏美尔地区才被逐渐开发出来。

两河流域最早的居民是谁，现在我们还不清楚。但是在公元前5000年左右，在两河流域的南部就已经有人居住了，这些居民被考古学家称为"欧贝德人"。不久，苏美尔人来到了这里，逐渐与欧贝德人交流与融合，共同成为两河流域南部的主要居民。到了公元前3000年，属于游牧部落的阿卡德人也加入了定居的队伍。之后阿摩利人、亚述人、迦勒底人也先后来到两河流域定居。两河流域的周围还居住着一些部落，北部有苏巴里人和胡里特人，东部有库提人、加喜特人与路路贝人，东南方还有埃兰人。两河流域经常受到这些部落的侵扰，可以说，两河流域的历史包含着多种民族互相影响与融合交流的过程。

在古代，可以用今天的巴格达为界，将美索不达米亚分为南北两部分，即北部的亚述和南部的巴比伦尼亚。巴比伦尼亚又可以细分出南北两个部分，北部的是阿卡德，南部的是苏美尔。

苏美尔是目前发现的美索不达米亚文明中最早的文明体系，同时也是全世界最早产生的文明之一。考古学家通过放射性碳14的断代测

▲苏美尔文明的楔形文字

▲苏美尔文化·战车上的国王

试，证明苏美尔文明的开端可以追溯至公元前 4500 年。苏美尔人被认为发明了世界上最早的文字，在这里发现的含有楔形文字雏形的石板被认定为约 5500 年前的产物。

"苏美尔人"这个名字并不是他们对自己的称呼，而是其他民族在称呼他们时所使用的名字，最早使用"苏美尔"这个名字称呼他们的是北面的邻居阿卡德人。苏美尔人称自己为"黑头人"，称自己居住的地方为"文明的君主的地方"。苏美尔人的语言、文化，可能也包括外表，都与他们的邻居闪米特人不同。苏美尔人是美索不达米亚的本地人，从公元前 5200 年到公元前 4000 年的早期欧贝德时期开始，美索不达米亚南部的居住文化就是连续不间断的了。

从上文我们知道，要在美索不达米亚平原的南部生存下来，就必须有控制底格里斯河和幼发拉底河的能力来保证全年都有水灌溉和饮用。在苏美尔语中，"运河""堤坝""水库"这样与河流有关的词非常丰富。苏美尔人在向南迁徙的过程中，逐渐掌握了控制河道泛滥的方法，这就使他们拥有了比当地原来的采猎文化更高级的生存能力，使得原住民无法与他们竞争生存资源。

历史学家把从公元前 4000 年到公元前 3000 之间的苏美尔文明称作"早期高度文明"，这一时期各苏美尔城邦都已建成，而且苏美尔人已经拥有了自己的文字。但这段时期的历史我们知道的并不是很完整，原因有很多，比如考古发现不充分，或者文明刚刚起步之时，本身尚未进行系统性的历史记载等。现在发现的这一时期的楔形文字文献，主要是经济或者行政方面的文书，无法勾勒出当时完整的历史样貌。

苏美尔文明最早由几个独立的城邦组成，这些城邦之间以运河和界石分割。各个城邦的中心是该城市守护神的神庙。每个城邦由一个主持该城市宗教仪式的祭司或国王统治。

从公元前2900年开始，苏美尔城邦进入一个"诸国争霸"的时代。比较大的城市有埃利都、启什、拉格什、乌鲁克、乌尔和尼普尔。这些城市因水权、贸易道路和游牧民族的进贡等原因进行了近千年的争战。考古能大致勾勒出当时的历史情况，但是由于考古发现的史料有限，今天人们所知道的历史可能只是实际情况的冰山一角。随着周边势力的发展，苏美尔人渐渐失去了他们对美索不达米亚大多数地区的控制。亚摩利人占领了苏美尔，建立了巴比伦。约公元前1595年，胡里特人在美索不达米亚北部建立了米坦尼王国，而巴比伦则控制着美索不达米亚的南部。这两个国家抵挡了埃及和赫梯王国的进攻。最后赫梯王国打败了米坦尼王国，但被巴比伦打败。公元前1460年，亚述人打败了巴比伦。公元前1150年左右，亚述人又被伊勒姆人打败。

从此之后，苏美尔民族逐渐从历史中消失，虽然在以后的巴比伦和亚述时期，苏美尔语和楔形文字仍然存在，但苏美尔国家的历史却被当成神话般的传说。苏美尔人的文明仍然继续承继着，但是苏美尔人却逐渐被遗忘——古希腊及犹太人的文献中从来没有提到过苏美尔人。

国有国法，家有家规

　　苏美尔和阿卡德都在美索不达米亚平原的南部地区，这个地区又被统称为"巴比伦尼亚"。"巴比伦尼亚"这个名字是怎么来的？我们接下来要讲述的古巴比伦王国的统治者汉谟拉比经过一场场战争，最后统一了两河流域。古巴比伦和"巴比伦尼亚"有着什么样的联系？让我们接着往下看。

　　巴比伦是怎么发展起来的呢？

　　巴比伦位于幼发拉底河的中游，因为它的地理位置十分优越，所以在西亚的贸易路线上占有重要的地位。巴比伦城市遗址在今天伊拉克巴比伦省的希拉，位于巴格达以南约 85 千米处。这个遗址现在仅留存着由破损的土砖建筑物构成的大型土墩和碎片。巴比伦的城市出现较早，大约是在公元前 1894 年，由阿摩利人苏穆阿布姆建立起来的。城市沿着幼发拉底河建造，被左、右河岸平分成两部分，利用城市旁陡峭的河堤来抵御季节性的洪水。

　　巴比伦在立国之初只是一个依靠邻国发展的小城邦，直到第六代国王汉谟拉比（约公元前 1792 年—公元前 1750 年在位）时，巴比伦才逐渐强大起来。汉谟拉比登上王位后，趁着对他有利的外部形势，立刻开始发动统一两河流域的战争。这时马里、埃什嫩那受控于北面强大的亚述，拉尔萨被埃兰人所征服，伊新国力衰弱。汉谟拉比采取了灵活的外交手段，在一个时间段内集中力量打击一个主要敌人。首先他与拉尔萨结盟，一同灭掉了伊新，然后又与马里组成联盟，帮助马里摆脱了亚述的控制，并在马里的支持下征服了拉尔萨。等到拉尔萨灭亡后，汉谟拉比又反过来进军马里，迫使马里对他臣服。汉谟拉比在位时，除了亚述和亚述控制下的埃什嫩那之外，两河流域基本上都被古巴比伦王国统一了。之后，美索不达米亚平原的南部在习惯上便被称为"巴比伦尼亚"，汉谟拉比统治时期的古巴比伦王国也被称为"巴比伦尼亚帝国"。

这位强大的古巴比伦国王汉谟拉比，除了建立起统一两河流域的巴比伦尼亚帝国外，还做了一件在人类历史上留下姓名的大事——颁布《汉谟拉比法典》。

汉谟拉比在当上古巴比伦国王之后，制定出了一部被后世称为《汉谟拉比法典》的法典。这部法典被认为是世界上最早的一部比较系统的法典。《汉谟拉比法典》受到了古代苏美尔法律及两河流域其他城邦法律的影响，但也保留了一些古代阿摩利人习惯法的痕迹，例如它采用"以眼还眼，以牙还牙"（第196、200条）的方式来解决平民之间的纠纷，造成许多伤残甚至死亡，以今天的标准看来，这种法律条目实在是过于残酷了。尽管如此，该法典在历史上仍然有着广泛而深远的影响，之后的历代帝王仍不时提到这部法典，并把它作为立法典范。

《汉谟拉比法典》被刻在一根黑色玄武岩柱上，岩柱高 2.25 米，上方周长 1.65 米，底部周长为 1.9 米。岩柱的上部有太阳神、正义神

▲《汉谟拉比法典》模型

沙马什授予汉谟拉比王权标志的浮雕，浮雕下面是用楔形文字镌刻的铭文。法典在完成后被放置在公共场所，尽管那个时候的平民百姓可能很少有人识字，但《汉谟拉比法典》被雕刻并展示的目的就是为了方便所有人看到。石碑后来被埃兰人所夺，并被运回埃兰首都苏萨。直到1901年，这块石碑才再次被考古人员发现，现藏于法国巴黎卢浮宫博物馆。

法典由前言、正文和结语三个部分组成。前言主要宣扬汉谟拉比的丰功伟绩和神明对他的照顾，结语则表示汉谟拉比创立法典是为了顺从神的愿望，保护世人。这部法典的正文一共有282个条目，由书吏用阿卡德语的楔形文字刻写在石碑上。因为阿卡德语是当时巴比伦的日常用语，阿卡德语的条文可以让城中所有识字的人看懂。法典的内容包括了当时古巴比伦社会的方方面面，甚至还包括了改善农田灌溉技术的法律条目，可以说比较全面地反映了古巴比伦时期的社会情况。

汉谟拉比逝世后，其继任者统治下的巴比伦帝国在赫梯人的军事打击下逐渐衰落，赫梯人最终于公元前1595年占领巴比伦城，古巴比伦王国灭亡。但赫梯人在巴比伦并未久留。赫梯人退走后，伊新人在巴比伦的原范围内建立起海地王朝，但加喜特人最终征服了巴比伦，并统治两河流域达400多年。

聪明的两河流域居民

美索不达米亚平原的南部有着丰富的历史底蕴。巴比伦尼亚地区在人类的历史文明进程中创造了许多的亮点。在远古历史中，两河流域的人民就已经拥有了如此高度发展的文明。

我们在前面就提过，苏美尔人是最早开始使用文字的。那么他们使用的文字具体是什么样的，又有什么样的由来与经过呢？

苏美尔人用削尖的芦苇或者木棒等做笔，把文字刻在泥坯上，然后把泥坯烘干，成为泥板。由于这种文字形状成尖劈形，其外形有些像钉子或楔子，所以被称为楔形文字。出于记账和商业的需要，大约于公元前3500年，在苏美尔的乌鲁克产生了最早的楔形文字雏形——象形文字。因为当时可以用来书写的材料少之又少，所以使用芦苇笔在泥土板上按压是象形文字的主要书写方式，金属或石材仅用于镌刻祭神文字或皇家铭文。可能由于泥土板上的书写方式不便于象形符号的描刻，象形文字逐渐于公元前3000年左右演化成楔形文字，并同时发展出拼音规则。最早的苏美尔字母表中有700—800个字符，到公元前1750年时，最少的字母表只剩70—80个字符。

苏美尔人发明的楔形文字，除被苏美尔语使用外，还被不同语族的多种语言使用，如闪米特语族的阿卡德语和埃伯拉语、叙利亚境内的胡里安语、印欧语系的赫梯语、伊朗的埃兰语和古波斯语及小亚细亚的乌拉尔图语，楔形文字泥板上还零星出现过阿摩利语和喀西特语。

今天已经发现的苏美尔文献超过10万篇，大多数刻在泥板上，其中包括个人和企业信件，汇款记录，菜谱，百科全书式的列表，法律，赞美歌，数学、天文学和医学内容的科学文章，等等。许多建筑如大型雕塑上也刻有文字。

在这些文献中，最著名的是史诗《吉尔伽美什》，这是世界上现存最早的完整史诗，也几乎可以说是人类第一部文学作品。史诗的主角是乌鲁克国王吉尔伽美什，他与野人恩奇都由相互交战到结交为友，然后合力杀死巨妖芬巴巴和为害人间的天牛。因为杀死天牛触怒天神，天神让恩奇都患病而死，吉尔伽美什面对好友的死亡十分悲伤，远走他乡探求永生的奥妙，结果失望而归。这部作品气魄宏大，内涵丰富，在两河流域广为流传，影响了后来的希伯来文学，也对希腊神话和《荷马史诗》有着深刻影响，可以说是东西方文学一个共同的源头。吉尔伽美什的形象，在现在的动漫、游戏中，也是一个很火爆的人物呢。

喜欢思考的苏美尔人在发明了文字之后，又建成了世界上最早的学校与图书馆。

在马里，考古学家发掘出约公元前2100年的学校，其中包含1条通道和2间教室，大房间长44尺，宽25尺；小房间面积约为大房间的三分之一。房间内有石凳、泥板和水槽，附近还出土了泥板书。目前出土的学校遗址分为三类，分别是位于王宫附近的、神庙附近的和

▲牛头竖琴上的镶嵌画

▲第一幅画中一位英雄双手环抱着两只公牛，据猜测这刻画的就是吉尔伽美什制服天之公牛的英姿

书吏居住区附近的。亚述书吏自带学生的现象很普遍。在学校中，学生自带午饭，学习时间从早上到晚上，晚上放学后回家，学校不留宿。苏美尔和巴比伦的学校教授语言课程、计算测量课程和各种专业名词的读写及文学创作课程，目的是为王室和神庙培养书吏或书记员，同时也培养商业贸易方面的私人书吏。

图书馆的产生与学校大致在同一个时期。考古学家在尼普尔发现了公元前 3100 年左右的神庙图书馆，在乌尔发现了公元前 3000 年左右的神庙图书馆。王室图书馆占有重要地位。在汉谟拉比统治时，几乎每座重要的城市都有图书馆。亚述时期的私人图书馆也很多，尤为重要的是亚述王国亚述巴尼拔（公元前 668 年—公元前 627 年在位）图书馆，该图书馆由英国考古学家莱亚德于 19 世纪中期发现。当时在尼尼微王宫遗址中发现多个房间，其中放有大量刻有王家档案的泥板书，还有许多巴比伦文学作品的抄本。考古学家在这个曾遭遇火灾的宫殿中发现约 2.4 万块泥板，其内容涵盖哲学、数学、语言学、医学、文学和占星学等。这个图书馆有馆藏图书的分类和书目以方便读者查找，这和现在的图书馆已经很像了。这些出土文献对学者们破解楔形文字有很大的帮助，使得后人对美索不达米亚古文明能有更深入的了解。

两河流域的人们对天文历法也颇有研究。公元前 2000 年左右，美索不达米亚人就已经能够区分出恒星和行星的不同；公元前 13 世纪时，巴比伦人绘制出了十二星座图，我们现在熟悉的星座名称，如天蝎座、狮子座、巨蟹座、双子座和天秤座，就是巴比伦人命名的；巴比伦人还知道月亮和五大行星的运行周期，所以他们能够计算和预测什么时候会出现日食和月食。苏美尔时期，他们使用的是太阴历，将一年划分为 12 个太阴月，并设置闰月用来校准年的误差；巴比伦人把一个月分为 4 周，每周 7 天，一周中的 7 天由太阳神、月神和五大行星的神分别主管——这就是现在我们所使用的"星期"的最早来历。在公元前 6 世纪时，希腊人学习和吸收了巴比伦天文学的很多成就，并运用到了自己的日常生活中，后来希腊人又把从巴比伦人那里学来的天文历法传给了罗马人，由此把美索不达米亚人民的智慧传播到了两河流域以外更广阔的区域。

巴比伦文化不仅对古代西亚文化的发展有着深远影响，两河流域人们所创造出的文化也是早期最有创造性和发明精神的人类文化之一，这使得巴比伦文化在人类文化史上的地位也重要非凡。

善于征战的民族

在讲到埃及时，我们提到过古埃及与一个名叫"赫梯"的王国签订了人类历史上第一个有记载的成文和约。赫梯既然能够与文明悠久的埃及争霸，就一定有其厉害之处。

在 19 世纪中叶以前，人们只是从《圣经》中知道有一个名叫赫梯的国家，但并不知道它确切的存在时间和地点。考古学家最开始从埃及的象形文字铭文和两河流域的楔形文字铭文中知道赫梯确实存在过，但铭文中并没有提到赫梯的确切地点。1906—1912 年，在小亚细亚的波伽兹科伊进行的考古发掘中，获得了大量的楔形文字泥板。根据这些泥板，人们最终确定了赫梯存在的地点与时间。目前我们对赫梯文明的了解，主要是通过在赫梯王国境内发现的楔形文字档案，以及在埃及和中东地区现存的众多古代文献中发现的外交和商业文件。

赫梯是一个位于小亚细亚的亚洲古国，是由原住民哈梯人和迁徙来的涅西特人共同创造的。公元前 19 世纪中叶，原始赫梯人开始组成一些部落和城邦。公元前 18 世纪，安纳托力亚众多城邦中有一支被称为哈梯人的部落崛起。公元前 17 世纪，涅西特人从中亚迁徙过来并征服了哈梯人，两者融合后形成了赫梯人。

大约公元前 1650 年，赫梯的统治者迁都哈图沙，并改名哈图西里

▲赫梯战士头像

一世，他征服了安纳托力亚东部和叙利亚北部，建立了赫梯古王国。在哈图西里一世统治时期，"赫梯"作为一个国家的名字，开始用于表示整个赫梯人的国家。

　　哈图西里一世死后，赫梯发生了所谓"王子们的奴隶的起义"，即被赫梯王室所征服的地区人民的起义，王亲贵族们在哈图西里一世的孙子穆尔西里一世的联合下，镇压了这次起义。穆尔西里一世发兵消灭了阿勒波城，他野心勃勃地把征服的矛头指向了两河流域南部阿摩利人建立的古巴比伦王国，并于公元前1595年攻占毁坏了巴比伦城。哈图西里和穆尔西里两人的征服活动使赫梯成了当时近东地区的一个大国。

▲赫梯首都哈图萨的狮门

穆尔西里一世死于宫廷阴谋后，赫梯陷入王位争夺的内战之中。这场长时间的内战削弱了王室统治力量，直到一名叫铁列平的君主继位后才得以平息。

公元前1525年，铁列平即位国王，对王位继承问题进行了改革，史称"铁列平改革"。他规定了首先应由长子继承王位；长子如果不在，由次子继承，依此类推；如果没有王子继承，就让长女的丈夫做国王。他还规定国王不得随意杀死自己的兄弟姊妹等内容，解决了王室内部互相争斗残杀的问题。在此之前，由于王位传承没有固定法则，各式人物都来竞逐，造成了赫梯每到新王上任前都会发生一场不小的动乱。铁列平对王位继承顺位的改革提高了君主专制的权威，维护了赫梯王国的政治稳定，为接下来王国的全盛打下基础。铁列平由此成为赫梯历史上著名的君主之一。

公元前15纪末至公元前13世纪中叶，是赫梯历史上的新王国时期，正值赫梯王国最强盛之时，其势力范围囊括了安纳托力亚中部、叙利亚西南部，远至乌加里特和美索不达米亚北部。

新王国时期的赫梯在叙利亚同古埃及进行了争霸战争，霍伦海布、拉美西斯一世、塞提一世、拉美西斯二世这些埃及第十九王朝前期的法老们同赫梯进行了激烈的战争。公元前1274年，赫梯国王穆瓦塔里二世与拉美西斯二世双方在卡迭石城交战，双方损失惨重。公元前1272年，穆瓦塔里二世病逝，新任国王哈吐什尔继位，赫梯同埃及的拉美西斯二世在公元前1259年缔结了和约，成为军事同盟。公元前1246年，国王哈图西里三世采取和亲政策，将自己的一个女儿嫁给拉美西斯二世。后世发现于埃及卡纳克神庙墙上的一幅雕刻，就描绘了当时埃及法老迎娶赫梯公主的情景。

为什么赫梯这个国家那么善于征战呢？

因为在当时，其他民族还只能使用青铜制造工具和武器时，赫梯人就已经掌握了冶炼铁和制造铁制工具的方法。赫梯人是西亚地区乃至全球最早发明冶铁术和使用铁器的国家，也是世界最早进入铁器时代的民族。近年考古发现的证据显示，赫梯人的铁器生产至少可以追溯到公元前 20 世纪。赫梯国王曾经把冶铁视为专利，不许外传，以至铁贵如黄金，其价格竟是黄铜的 60 倍。赫梯的铁兵器曾经使埃及等国为之胆寒。赫梯人打击敌人最有效的武器是战车，在战场上，他们驱赶披着铁甲的马拉战车冲锋陷阵，所向披靡，使来敌闻风丧胆。直到公元前 1180 年左右赫梯灭亡之后，赫梯铁匠散落各地，才将冶铁技术扩散开来。有少数学者认为，公元前 800 年左右冶铁技术传至印度，在公元前 600 年左右传至中国。

赫梯文明的历史成就不仅仅在于发现和使用了铁，还在于它充当了两河流域同西亚西部地区文化交流的中介。赫梯文明是埃及、两河流域和爱琴海地区各文明之间交流的重要一环。

紫红色的航海者

在历史上，"腓尼基"指的是叙利亚、巴勒斯坦的沿海地区，它北起苏克苏，南至阿科，东起黎巴嫩山，西至地中海——大约相当于今天的黎巴嫩。最初在这里居住的是胡里特人，直到公元前3000年左右迦南人迁徙至此，逐渐同化了原来住在这里的居民。

古代的腓尼基并不是一个国家的名称，而是一个地区、一个民族的名称。腓尼基这个地区从未形成过一个统一的国家，而是形成了若干个彼此独立的小城市国家，其中比较为人所知的有推罗、西顿、乌伽里特、毕布勒等。居住在这个地区的人们从来不把自己叫作腓尼基人，而是自称是某某城市的人，如推罗人、西顿人等。腓尼基人是闪米特人的一支，是犹太人的邻居。腓尼基人善于航海与经商，在全盛期曾控制了西地中海的贸易，也在中东和北非建立了不少殖民点，成为今天地中海国家民族来源的一部分。

"腓尼基"是紫红色的意思，源于叙利亚、巴勒斯坦沿海出产的一种紫红色染料。在推罗，人们会潜入海底捕捞一种海螺，从中取出一种可作为染料的紫红颜色，然后用于纺织业。现在位于叙利亚、巴勒斯坦南部沿海的赛达城，仍能找到用"腓尼基"命名的紫红色山坡。腓尼基人并不把自己居住的区域称为"腓尼基"，这是从西方来做贸易的希腊人对他们的称呼。

腓尼基是一个古老的文明地区。据考古发掘资料可知，在公元前5000年左右，腓尼基的毕布勒就已经有了一个新石器时代的居民点；从公元前3000年开始，逐渐形成了大小不一的城市国家。为了便于修筑堡垒及防御，这些小国大部分都建在海边的岩石上。根据《圣经》记载，古腓尼基城市包括现今在以色列境内的阿什杜德、阿什凯隆和以革伦，在黎巴嫩境内的泰尔（推罗）和西顿。每个城市都有自己的海港，有的城市甚至还有两个海港，一个朝南，一个朝北，方便在不同的季节进行对外航行与贸易。有趣的是，这些城市国家虽然热爱出海与异族进行贸易和交流，但他们彼此之间很少来往，反而经常互相对立。

进入文明时代的腓尼基地区常常处于外族的统治之下。公元前2000年左右，它处于埃及的控制之下；在公元前1000年以后，又相继被亚述帝国、波斯帝国、亚历山大帝国和罗马帝国所统治。在时间短暂的独立期间，腓尼基地区的各个城市也纷争不断。

腓尼基的手工业有着悠久的历史，其中最有名的是造船业和纺织业。腓尼基各个城市国家的对外贸易都十分发达。这个地区面朝大海，交通发达，东面黎巴嫩山区盛产的雪松木材为造船业提供了便利条件，所以腓尼基人从事航海贸易有着得天独厚的优势。他们充分利用了自己众多的优良港湾和发达的造船业，早在公元前3000年左右就与埃及和两河流域建立起了联系。腓尼基从埃及输入亚麻、从塞浦路斯输入红铜、从小亚细亚进口锡和铁，而自己则输出象牙制品、青铜、

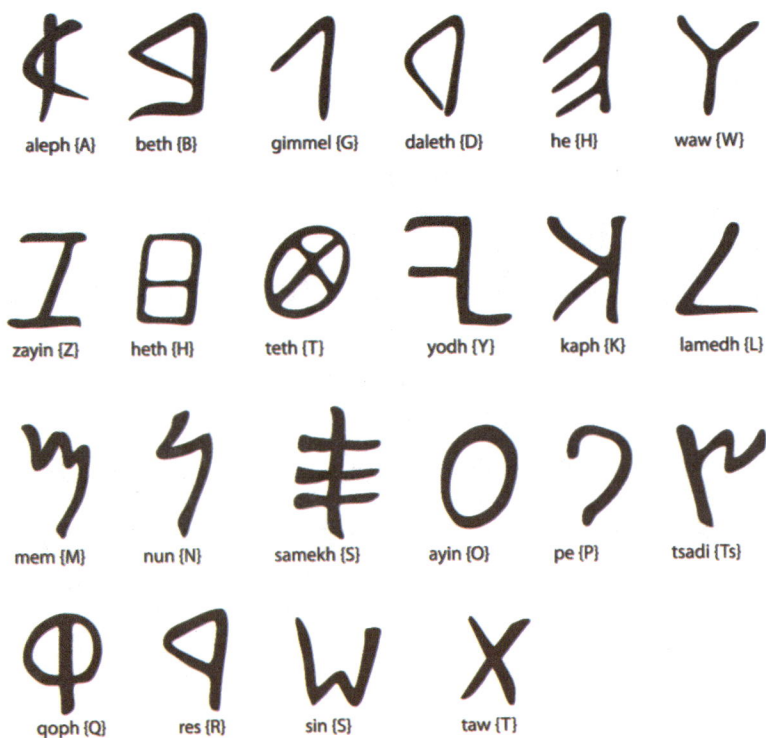

aleph {A}	beth {B}	gimmel {G}	daleth {D}	he {H}	waw {W}
zayin {Z}	heth {H}	teth {T}	yodh {Y}	kaph {K}	lamedh {L}
mem {M}	nun {N}	samekh {S}	ayin {O}	pe {P}	tsadi {Ts}
qoph {Q}	res {R}	sin {S}	taw {T}		

▲腓尼基字母

白银、玻璃、雪松以及用紫红色染料染过的纺织品等。腓尼基和地中海西部地区的贸易也十分活跃，与北非地中海沿岸地区、西班牙南部及地中海内的许多岛屿都建立起了商业联系，从这些地方获取原料和金属。

腓尼基人还是古代著名的航海探险者。环绕地中海沿岸，腓尼基人建立了往返于希腊、西西里岛、撒丁岛、巴利阿里群岛、伊比利亚半岛、加那利群岛的航线，他们的船只定期往来于北非、希腊和地中海各岛屿之间。为了贸易，他们曾冒险进出直布罗陀海峡到加那利群岛，进行锡的采挖和买卖。有证据表明，他们的商船曾远航至不列颠群岛。在公元前600年左右，在古埃及新王国时期晚期法老的支持下，一支由40艘船组成的舰队首先从西奈半岛的亚喀巴湾出发，沿着红海岸走，穿过曼德海峡进入亚丁湾；其后沿着今天的索马里海岸线一直南下到达现在的南非南海岸；再从南非和纳米比亚的非洲西海岸北上到几内亚湾，最后沿着西非的海岸线转入直布罗陀海峡进入地中海回到家乡腓尼基。历时3年，航程3万千米并环绕非洲整整一圈——这壮举可是发生在公元前6世纪！腓尼基人的探险活动显然都与对外贸易有着紧密的联系，他们想通过航海探险寻找新的市场、原料来进行商贸活动。

腓尼基虽然地方不大、人口不多，还时常处于外族的统治之下，但它对古代世界的影响和贡献可不小。这不仅仅是因为它拥有当时世界一流的造船业、航海业和商业，还因为它发明和传播的字母文字——腓尼基字母。

腓尼基字母是腓尼基人用以书写腓尼基语的一套字母，它在公元前1000年左右出现。腓尼基人最初使用苏美尔人创制的楔形文字，后来为了提高效率，在公元前1000年左右，他们以原始迦南字母为基础，合并埃及的部分象形文字和简化后的楔形文字，设计出了22个腓尼基字母。腓尼基字母牺牲了前人文字的华丽外形来换取更高的书写效率。腓尼基字母没有代表元音的字母或符号，字的读音必须由上下文来推断。

　　古希腊史学之父希罗多德曾经说过，希腊人原来没有字母，是腓尼基人把字母带给他们的。腓尼基是希腊文明的来源之一。希腊人从他们的商船上得到了许多来自东方的制造品，学到了许多制造工艺，但其中最重要的是腓尼基人的字母。希腊人在约公元前1200年至公元前800年期间学会了腓尼基字母，之后在这个基础上又加了几个母音，创出了希腊字母。腓尼基的商船上又载有从埃及等处运来的笔墨纸等文具，直接促进了希腊文学的蓬勃发展。之后罗马人又在希腊字母的基础上创出了拉丁字母，从而为后来西方各国字母奠定了基础。现在的希伯来字母、阿拉伯字母、希腊字母、拉丁字母等，都可追溯至腓尼基字母，腓尼基字母被认为是当今所有字母的祖先。

　　腓尼基人对外营商发达，与其他民族通婚，因此逐渐失去了他们的文化特色，渐渐受异族同化了。虽然如此，腓尼基人在古代文明中仍是一支强大而活跃的民族。

犹太人的王国

犹太民族以智慧而著称于世，诞生过许多伟大的人物，比如马克思、弗洛伊德、爱因斯坦等。犹太民族饱经苦难，这一章我们来了解犹太民族形成与发展的历史。

犹太人的古国兴起于巴勒斯坦地区。这个地区原来居住着迦南人，古犹太人是公元前 2000 年左右在始祖亚伯拉罕的带领下才从两河流域过来的。所以他们最初被称为"希伯来人"，也就是"来自大河那边的人"。由于气候干旱等原因，一部分希伯来人在亚伯拉罕孙辈的时代迁徙到了埃及，并居住了几百年之久。一开始，希伯来人与埃及人相处得不错，但之后随着埃及法老的统治更迭，他们的处境越来越恶劣，希伯来人的内部也产生了不少矛盾。于是他们的领袖摩西制定了律法，试图用律法解决内部矛盾，并带着希伯来人经历千难万险，离开了埃及，又回到了巴勒斯坦地区。

有的学者认为希伯来人从埃及回迁巴勒斯坦一事发生在拉美西斯二世统治时期，但历史学家们在古埃及史料中找不到对这件事的记载。

在巴勒斯坦，希伯来人经过长期战斗，占领了巴勒斯坦原住民迦南人的很多地盘，一部分迦南人同他们相融合，另一部分迦南人则长期与他们为敌。这时的希伯来人还没有形成国家，而是处在部落联盟

▲〔法国〕尼古拉斯·普桑《大卫的胜利》

▲〔比利时〕弗兰斯·弗兰肯《所罗门的崇拜》

时代，其中在迦南中部、北部的大多数部落统称为以色列部落，所以此时希伯来人又被称为"以色列人"。部落联盟时代在犹太历史上被称为"士师时代"，它包括了从以色列人占领迦南（约公元前 1230 年）到扫罗称王（公元前 1020 年）之间大约两个世纪的时间。

到了公元前 11 世纪，以色列国家形成了。大约从公元前 1050 年开始，由士师时代转为以色列联合王国，在以色列联合王国时出现三个国王：扫罗、大卫和所罗门。扫罗（公元前 1020 年—公元前 1000 年在位）是以色列联合王国的第一个国王，为撒母耳所立。扫罗英勇善战，为以色列人平定了不少部族。他一生只管作战，统一了巴勒斯坦全境。扫罗死后，南方的部落首领大卫趁机继位为王（公元前 1000 年—公元前 960 年在位）。大卫可以说是以色列人最崇拜的国王，犹太人的象征"大卫之星"就是代表大卫王。大卫在位时将耶路撒冷定为首都，从此耶路撒冷就成了犹太人的圣城。大卫为王 40 年以后逝世，其子所罗门（公元前 960 年—公元前 930 年在位）接任王位。所罗门承接大卫留下的这个强大王国后，就大兴土木，建筑堡垒、宫室和耶路撒冷的圣殿。他同埃及和腓尼基地区的推罗结为盟友，积极拓展红海地区的贸易活动。他将以色列联合国家划为 12 个行省，建立起了税收和劳役制度。所罗门王在位 40 年，统治时期可以说是以色列历史的黄金时代的顶点，但是他却埋下王国分裂的种子。

所罗门死后，国家分裂为北方的以色列王国和南方的犹大王国。其中以色列王国继续存在了约 200 年，而南方的犹大王国则断断续续地存活到了罗马人统治之初。亚述人、埃及人、新巴比伦王国、波斯

▲ 〔意大利〕卡拉瓦乔《以撒的牺牲》

帝国、亚历山大帝国和罗马人都曾经征服过犹大王国。尤其是新巴比伦王国时期的尼布甲尼撒二世在公元前 586 年第二次征服犹大王国，在攻陷其首都耶路撒冷时，曾将该城市的居民俘虏至巴比伦尼亚，史称"巴比伦之囚"。直到波斯帝国的居鲁士灭了新巴比伦王国之后，才将原来耶路撒冷的居民放回。国破家亡后四处流浪的犹大人，又被称为"犹太人"，据说意思是"来自犹大国的人"。后来"犹太人"这个称呼就成了这个民族的通称。

印度河旁最早的文明

在认识了尼罗河流域文明及两河流域文明后，作为四大文明之一的古印度也走进了我们的视野。

古代印度在历史上是一个地理概念，它指的是喜马拉雅山以南的整个南亚次大陆。它包含了现在的印度、巴基斯坦、孟加拉国、尼泊尔、不丹等国家。在古代印度，并没有一个国家真正地把自己称为"印度"。"印度"这个称呼，起初是波斯人和希腊人对整个南亚次大陆的泛称。中国的《史记》《汉书》把这片土地称为"身毒"，而在《后汉书》里则称之为"天竺"。

古印度北有喜马拉雅山，西北有苏莱曼山和兴都库什山，东临孟加拉湾，西靠阿拉伯海，南有印度洋。在古代，只有西北部的一些山口是南亚次大陆上比较方便的对外陆上通道。

古印度地处热带与亚热带地区。在北部，西面的印度河流域和东面的恒河流域是两个极为重要的地区。这两条河

▲哈拉帕祭司王雕塑

▲哈拉巴文化·印度河谷平印

▲哈拉巴文化·哈拉帕文化杯

的上游水源都是高山雪水，由于南亚次大陆的西部雨量很小，越往东雨量越大，所以印度河流经的是干旱地带，而恒河则流经水源更为丰富的肥沃地区。古印度中部是德干高原，南部是多山的半岛，沿着东西海岸又有两条山脉，沿海的平原则是较为适合从事农业的地区。

在石器时代，古印度就已经有人居住了。旧石器时代的遗址在西北的旁遮普地区、中部的纳巴达河一带、半岛西部的孟买地区、半岛东南的马德拉斯地区等均有发现。新石器时代的遗址则更为广泛。考古材料证明，整个史前时期直到文明出现前夕，南亚次大陆上都有人居住的痕迹。

我们常说的"四大文明古国"中的古印度，指的是印度的哈拉巴文化。

在20世纪20年代初期，当时古印度的文明时代还被认为是从公元前1000年左右的吠陀时代开始的。但在1921年的旁遮普地区的哈拉巴，考古学家们发掘出了一个远古遗址，其中发现了许多古物和两枚印章。1922年，在信德地区的一个佛教建筑的废墟下也发掘出了远古的遗址，发现了类似的印章和古物。这一新发现的远古文明，按照遗址所在地区被称为"印度河流域文明"；按照考古学界以首次发现的地点命名的习惯，它又被称为"哈拉巴文化"。自20世纪20年代以来，考古学家已经陆续发现了类似的遗址数百处，其分布范围也不仅仅限于印度河流域。哈拉巴文化的遗址分布范围，要比尼罗河流域或两河流域的遗址分布范围大得多。

哈拉巴文化是被人们遗忘了的文化，在现存的历史文献中并没有关于它的记载。但在两河流域的遗址中发现过有印度河流域样式的印章，考古学家推测大约在公元前 2350 年—公元前 1770 年间，印度河流域文明与两河流域文明间曾经有过商业往来。据此可以推测，印度河流域文明存在于公元前 2300 年至公元前 1750 年间。

生活在哈拉巴文化下的人们，日常生活并不匮乏。

在河道附近居住的人们会利用洪水定期泛滥所形成的肥沃土壤，在洪水退去后进行农耕。在远离河道的地方，人们则利用河道修建堰塞湖，将雨季所带来的丰富降水排入其中，等待河水中的营养成分沉淀到湖底的土壤中后，人们再开闸放水，而原来在湖底的土壤就成了他们新的耕地。当时栽种的作物有大麦、小麦、豆类、芝麻、蔬菜、棉花等。除了田间作物以外，椰枣和水果也是人们常用的食物。当时的人还食用牛、羊、猪、家禽以及鱼类，驯养的动物品种十分丰富。

哈拉巴文化已经有了相当发达的商业。南亚次大陆与古代的两河流域之间很早便有了商业往来。当时水路运输已经十分普遍，古印度的工艺品和矿产品被装载上船运到两河流域已是常有之事。古印度主要出口红玉髓制成的珠子，是两河流域所使用红玉髓的主要出口国。人们在两河流域的古遗址发现了若干哈拉巴文化的印章，而在哈拉巴文化遗址中也发现了一些来自两河流域的圆柱形印章和金属制品。南亚次大陆与两河流域的贸易大概是通过海上航运实现的。在哈拉巴文化遗址出土的印章中，有的刻有船的图形，大概表现的就是当时海路交通运输的工具。

哈拉巴文化的城市经过了繁荣期之后，慢慢成了被人遗忘的废墟。

关于哈拉巴文化衰亡的原因，有各种不同的推测。有些学者认为，由于降雨量的减少，导致信德地区日益干旱，居民不得不迁徙到别处。有些学者认为，是地震和泥石流之类的灾患导致了哈拉巴文化的衰败。还有些学者认为，由于印度河的改道，原先河谷的肥沃土地逐渐贫瘠，居民无法种植粮食，才导致了城市被废弃。也有学者认为，哈拉巴文化的衰亡是雅利安人迁徙至南亚次大陆的结果。这种说法曾经风行一时，但雅利安人迁徙到南亚次大陆是公元前 1500 年之后，而哈拉巴文化在此之前就已经不复存在了。因此，到目前为止，哈拉巴文化衰亡的原因仍是一个谜团。

雅利安人出现了

在印度河流域的哈拉巴文化衰亡后，古印度的历史便进入了新的篇章——"吠陀时代"到来了。关于"吠陀时代"，目前还没有重大的考古发现，但有关这个时代的传说材料十分丰富。这种传说材料被古人收集在称之为"吠陀"的文献中，所以这一段时期就被人们称为"吠陀时代"。

那么，"吠陀"这个词是什么意思呢？

"吠陀"一词的意思是知识，特指神圣的或宗教的知识。中国古代曾经将"吠陀"这个词翻译为"明"或"圣明"。吠陀是包含着大量知识的宗教文献，这是在很长时期内通过口头世代流传下来的，是婆罗门教和现代的印度教最重要和最根本的经典。

吠陀文献一共分四部：《梨俱吠陀》《沙摩吠陀》《耶柔吠陀》和《阿闼婆吠陀》。四部吠陀本集中以《梨俱吠陀》最早，最初的部分可以追溯到公元前 2000 年，正是雅利安人大体居住在印度西北印度河流域的时期。因此，《梨俱吠陀》所反映的时代被称为"早期吠陀时代"（约公元前 1500 年—公元前 900 年）。《沙摩吠陀》《耶柔吠陀》《阿闼婆吠陀》产生的时间较晚，被称为"后期吠陀"。接着又逐渐出现了用以解释吠陀的文献，这些文献被称作"梵书""森林书"和"奥义书"。

后三部吠陀经再加上解释吠陀经的这些文献所反映的时代，被后来的人们称为"后期吠陀时代"（约公元前 900 年—公元前 600 年）。

编写这些文献的人又是谁呢？

吠陀文献的编写者们自称为"雅利安"，意思是"高贵的人"。这些"雅利安人"在《梨俱吠陀》中把他们的对手称为"达萨"，并不断地对达萨进行征战。雅利安人白皮肤、高鼻梁，达萨人则是深色皮肤、矮鼻梁，他们在语言上有差异，在生活方式上也有着明显的不同。雅利安人不断取得胜利，成为印度河和恒河上游的掌控者；而达萨人一部分退往南方，一部分被雅利安人奴役了。这一地区原来曾经是哈拉巴文明的所在地，是早已具有城市文明的地方，所以雅利安人毫无疑问是外来的民族。

在早期吠陀时代的末尾，雅利安人的社会中开始出现了用等级划分人群的现象。《梨俱吠陀》中提到，当诸神把原人普鲁沙（一个神灵）当作祭品分割时，从原人的口中诞生出婆罗门（祭司），从他的手臂上诞生出罗阇尼亚（王者），从他的腿上诞生出吠舍（平民），从他的脚上诞生出首陀罗（劳动者）。这个关于用等级划分人群的神话，正是"种姓制度"的萌芽。

"种姓制度"，或者音译为"瓦尔那制度"，对我们来说是一个比较陌生的名词，但它却是贯穿了印度从古至今历史进程的社会体系与宗教概念。

种姓制度是中国古代文献中对于印度复杂的等级制度的泛称，大唐高僧玄奘又把它翻译为"族姓制度"。这种制度萌芽于早期吠陀时代，正式形成于后期吠陀时代。最初进入南亚次大陆时，雅利安人将自己当作高贵者的集团，而把当地居民当作敌对的势力。之后随着雅利安人内部的分化，其中又逐渐产生了平民与贵族的区别。平民被称为"吠舍"，贵族被称为"罗阇尼亚"。贵族中又分出一类专门从事宗教活动祭祀的人，这部分人被称为"婆罗门"。

这个分类方法简单说来是这样的：先把雅利安人与当地原住民区分开，然后在雅利安人里把贵族和平民作区分，贵族里又把普通贵族和祭司贵族一分为二。这样，就形成了四个"瓦尔那"（这个词在梵文中含有"颜色""品质"的意思，在种姓制度里代表人的种类与等级）的雏形。

到了后期吠陀时代，种姓制度就正式形成了。婆罗门教的典籍中，还规定了各个种姓的地位及不同"瓦尔那"的成员的权利与义务。

最高级的种姓是婆罗门，他们是整个种姓制度的核心。婆罗门主要掌管宗教祭祀方面的事务，有很大的权力可以去干涉国家的决策。他们以占卜或神谕等方式影响国王的行政，甚至还会随军出征，左右军事行动。此外，婆罗门享有许多特权，如不可处罚、不可杀害、可领回部分充公遗失物等。

第二等级的种姓是刹帝利，这个种姓是从"罗阇尼亚"一词发展而来。刹帝利的基本职业是军人，国王一般是刹帝利种姓出身，但刹帝利种姓中不单单有国王和皇室。他们是掌握实际的政治与军事权力的等级，但是不具有宗教上的权力。此外，刹帝利的主要职责是保护婆罗门这一等级的安全，保证婆罗门这一等级至高无上的地位。

第三个等级是吠舍，主要从事农业、畜牧业和商业，他们的任务是生产食物，并向婆罗门提供各种祭品。吠舍就是没有特权的平民，必须通过捐赠和纳税的形式去供养完全不从事劳动生产的婆罗门和刹帝利两个种姓。

最低等级的种姓是首陀罗，首陀罗是没有人身自由的奴仆，负责提供各种服务和手工业。首陀罗大部分不是雅利安人，但其中也有由于各种原因而被降低种姓的雅利安人。首陀罗从事的职业在当时被认为是低贱的，所以他们在社会上得不到人身安全的保障。

在早期吠陀时代，一家人还可以各自从事不同的职业，人的身份和地位也没有严格的界定，但到了后期吠陀时代种姓制度形成后，每个人的社会地位都被固定了。每个人都要遵从各自种姓内的规则，世代从事同一种职业，而且各个种姓之间的交流也被严格规范。种姓制度以婆罗门为中心，各种姓依所居住地区的不同而再划分成许多次种姓，这些次种姓内部再依所居住聚落不同又分成许多聚落种姓，如此层层相叠，整合成一套散布于整个南亚次大陆的社会体系。因此，种姓制度涵盖了印度社会绝大多数的群体，并与印度的社会体系、宇宙观、宗教与人际关系息息相关，可说是传统印度最重要的社会制度与规范。一直到现在，种姓制度虽然在法律上被废除了，但是在社会运作与生活上，仍然具有很深远的影响。

爱琴海的曙光

　　人类最早的文明在西亚的两河流域和埃及的尼罗河流域诞生后，处在两个地区之间的地中海东部沿岸也开始迎来文明的曙光，这个地方产生的文明被称为"爱琴文明"。爱琴文明是指在爱琴海地区发展起来的人类文明，其中又以克里特岛和迈锡尼两个地方最为突出。本章，我们就来讲述爱琴文明这个分类下，米诺斯文明的发展。

　　爱琴海位于地中海东部的西北端，东接小亚细亚，西连希腊半岛，南与埃及和利比亚隔海相望。它是地中海的一部分，位于巴尔干半岛南部和小亚细亚半岛之间。爱琴海的东北部经达达尼尔海峡，与马尔马拉海相连，是连接黑海及地中海的唯一航道。爱琴海海岸线非常曲折，港湾众多，有大小约 2500 个岛屿。克里特岛是爱琴海中最大的一个岛屿，面积 8000 多平方千米，东西狭长，是爱琴海南部的屏障。克里特岛上有大面积的肥沃耕地，其他岛屿就相对比较贫瘠。爱琴文明的最大中心就是克里特岛。克里特岛的地理位置十分优越，海运方便，它是爱琴海连接埃及和沟通希腊本土的重要枢纽。

　　希腊是希腊人对于他们所生活居住地区的通称，在古代，"希腊"并不是一个国家的名称。爱琴海属于古代希腊的东部，海中的岛屿和小亚细亚沿岸构成了希腊的东部。希腊本土位于整个希腊地区的中央，东边有爱琴海，西边有爱奥尼亚海和亚德里亚海。所谓的希腊本土，实际上是多个内海环绕的半岛，北部与欧洲大陆相连接。希腊本土分为北中南三个部分，希腊中部的雅典从古至今始终是希腊最大的政治、经济、文化中心。希腊南部又被称为伯罗奔尼撒半岛，这个半岛在历史舞台上留下了浓墨重彩的一笔。希腊东北部的迈锡尼则是继克里特岛之后的又一个文明摇篮。在希腊文明时期，希腊本土和爱琴海上的岛屿都各自建立了数以百计的城邦，虽然没统一成为一个国家，但各个城邦在民族、语言、文化和风俗方面大体一致。以城邦的形式发展文明是希腊与东方文明最大的不同，这在一定程度上与希腊半岛和爱琴海的地理环境有关。

与诞生于大河流域附近的古代东方文明相比，同样孕育文明的希腊半岛与地中海沿岸在地形和气候上显得有些独特。希腊半岛上平地很少，崎岖的小山很多，而且它的海岸线曲折，岛屿在地中海和爱琴海中分布十分密集。这里的地中海气候使得夏天的爱琴海成为孕育远古航海业的绝佳摇篮，这里的居民从旧石器时代晚期便开始了航海活动，进入文明时代后更是将这一活动发展兴盛。铜器时代爱琴海已经成为希腊与东方建立联系的主要通道，希腊人从东面航行经过叙利亚，可以与巴比伦文明接触，从爱琴海南边的克里特岛往东南方也很容易到达埃及。这两大文明古国和其他东方文明都使得爱琴文明和日后从中脱颖而出的希腊文明有了长足的发展，使得他们能够在自己的文化创造上取得成就。在历史上，爱琴海与希腊有着密不可分的联系。自爱琴文明形成后，爱琴海与希腊逐渐形成了统一的文化，融合成为

▲〔意大利〕朱里奥·罗马诺《克里特岛的守护》

▲〔意大利〕提香·韦切利奥《酒神巴克斯和阿里阿德涅》

古希腊文化区，西方文明的萌芽就是从中破土而出的。

那么，米诺斯文明又是怎么发展起来的，最后又是如何消失的呢？

克里特岛是最古老的欧洲文明"米诺斯文明"的中心。"米诺斯文明"出现于青铜时代，存在时间约为公元前2700年至公元前1400年。这种文明的起源几乎不为人所知。该文明留下的文字记录并不多，而且他们使用的文字至今仍未被解读。不过，该文明留下了大量精美的宫殿、房屋、道路、绘画及雕塑。尽管早期克里特历史只留在一些神话故事（如米诺斯、忒修斯、阿里阿德涅、弥诺陶洛斯、代达洛斯和伊卡洛斯）中，但史学家和诗人似乎传达给了我们人类在克里特岛上悠久的定居历史。

克里特岛最早有人类居住的迹象出现于旧石器时代中期，最早的定居者们养殖牛、羊、猪、狗等动物，并种植谷物、豆角等作物。直至公元前5000年，克里特岛上有了使用农业技术的痕迹。大约在青铜时代初期（公元前3650年），克里特岛成为欧洲大陆最早创造出文明的地方。在克里特岛发现的手工艺品显示，克里特岛本身有一个与希腊本土迈锡尼文明、塞浦路斯岛、叙利亚、小亚细亚、古埃及、伊比利亚半岛及美索不达米亚相连紧密的通商网络。

对米诺斯文明所使用的语言，人们所知甚少，它可能是用仍未被破解的线形文字A书写的。在米诺斯文明的末期，由于迈锡尼文明从希腊本土的侵入，他们转而使用线形文字B，一种早期希腊语字母来记事。线形文字B在20世纪50年代已经被破解，不过线形文字A至

▲古代米诺斯壁画《戴百合花的王子》

今未被破解，使得我们仍无法对这个灿烂的文明进行更为深入的了解。

在公元前1650年，距离克里特岛约70千米的火山岛锡拉出现了火山喷发，这可能是人类有记录的历史上最大规模的火山喷发。火山喷发散发出的二氧化硫、尘云引起了大气降温和接下来几年岛上农业的颗粒无收。剧烈的火山喷发还导致了火山的坍塌，继而引起了巨大的海啸，将爱琴海沿岸的居民居住区一扫而光。

公元前1450年左右，克里特岛的宫殿遭到人为破坏。从这时起，希腊本土的多里安人成了克里特岛的主宰者。公元前1420年左右，爱琴海上的岛屿接连被迈锡尼人征服，米诺斯文明也随之结束了。

希腊神话的源头

迈锡尼人和克里特岛的米诺斯人属于同一个民族，迈锡尼人是从欧洲内陆进入希腊半岛的，他们是希腊人中最早定居在半岛上的一批人。大约在公元前2000年，迈锡尼人就在伯罗奔尼撒半岛定居了下来。这个时候克里特岛上已经产生了米诺斯文明，而定居在希腊本土的迈锡尼人才刚刚进入铜器时代，甚至还没有建立起自己的国家。直到公元前1600年左右，在文明上稍显落后的迈锡尼人在米诺斯文明的影响下才逐渐向文明时代过渡，最终建立起了自己的国家。

迈锡尼文明是希腊青铜时代晚期的文明，它因伯罗奔尼撒半岛的迈锡尼城而得名。迈锡尼文明在吸收米诺斯文明的同时，也有一些自己的特点，比如他们的城堡以坚固闻名，战斗力与尚武精神十分突出。到了公元前1450年，迈锡尼人登上了克里特岛，成为米诺斯文明的取代者。在公元前1400年至公元前1200年，迈锡尼文明达到了繁盛期。

当迈锡尼人统治克里特岛之后，继承了米诺斯文明所掌握的爱琴海商业贸易和航海线路，也全面吸收了米诺斯文明的遗产——线形文字。

米诺斯文明原先的线形文字被迈锡尼人用来书写他们自己的语言，从而形成了迈锡尼线形文字。历史学家通常把米诺斯文明使用的

▲迈锡尼文明·阿伽门农面具（约公元前 1550 年—公元前 1500 年）

线形文字称为"线形文字 A"，而迈锡尼人所使用的线形文字则被称为"线形文字 B"。

20 世纪初，英国著名考古专家阿瑟·埃文斯对克里特岛进行了考古发掘研究，自此考古学家和历史学家们这才有机会厘清迈锡尼文明与先于它的米诺斯文明之间的关系。在对克里特岛上的诺索斯进行发掘期间，埃文斯发现了数千块制造于约公元前 1450 年的黏土泥板，在这些泥板上，他辨认出了一种未知文字。他认为这种文字比线形文字 A 更先进，因而命名为"线形文字 B"。此外，在迈锡尼、梯林斯、皮洛斯等迈锡尼宫殿内也发现了写有这种文字的泥板。1952 年，这种文字被破解，它被鉴定为古希腊文的一种字体。自此，迈锡尼文明逐渐被世人所了解，从而走进了文字历史，迈锡尼文明的存在时间段被定位于爱琴文明的青铜时代。

然而，使用线形文字 B 书写的泥板只是非常有限的文献资源，加上在器皿上的镌刻，总共才有 5000 篇。而作为对比，同时期的两河流域文明都有数以十万计的文书。此外，这些泥板上的文字都相当短，且大部分是如仓库清点和会计记录等为了存档而书写的。

迈锡尼是位于希腊伯罗奔尼撒半岛东北阿尔戈斯平原上的一座爱琴文明的城市遗址，位于科林斯和阿尔戈斯之间。迈锡尼是迈锡尼文明的中心，附近的梯林斯城是属于迈锡尼的一个军事要塞，这两个城市一齐构成了迈锡尼王国。希腊范围内还有其他的强势城邦，像伯罗奔尼撒中部的斯巴达和西部的派罗斯，希腊中部的雅典和底比斯等，它们有时会临时组成军事联盟以对抗敌人。

▲陶罐上的迈锡尼战车

迈锡尼人的社会生活与米诺斯文明时期相比，要更为丰富一些。

在农业方面，迈锡尼人通常耕作的农产品为传统的"地中海三部曲"：谷物、橄榄、葡萄。迈锡尼人种植的谷物为小麦和大麦；也种植橄榄树，主要是为了获取橄榄油，不仅仅是为了食用，也被作为护肤品和香水之用；这个时期葡萄种植也很普遍，人们通过培育不同的葡萄品种来出产各式各样的葡萄酒。此外，人们还培育制衣用的亚麻，榨油用的芝麻及各种果树，如无花果树。他们饲养的牲畜多为绵羊和山羊，猪和牛都不太常见，马只用于牵引战车。

纺织业是迈锡尼经济的主要产业，皮洛斯宫殿拥有大约550名纺织女工，在诺索斯则多至900名。从迈锡尼城出土的文献中至少记录下15种与纺织相关的技能，除羊毛之外，亚麻是应用最多的织料，同样被记录在案的还有化妆品业。泥板记录了玫瑰、药用鼠尾草等香油的制造。考古学研究还发现了隶属宫殿的作坊内还有其他职业的手工艺人：金银匠、象牙匠、宝石工、陶匠……

在海外贸易方面，迈锡尼文明较米诺斯文明的发展有过之而无不及。公元前14世纪和公元前13世纪，迈锡尼人向整个雅典乃至地中海东中部地区出口彩陶器皿，从塞浦路斯和撒丁岛进口铜，从叙利亚进口象牙，从埃及进口其他奢侈品。有相当数量的器皿发现于爱琴海、小亚细亚、黎凡特、埃及及西方的西西里，甚至中欧和不列颠群岛。一般情况下，迈锡尼货品的流通可以透过"结节"（现代条形码标签的雏形）来保证其可跟踪性。它是一种黏土小球，在手掌中用一条带子（可能是皮革）打磨而成，用来系在所有货品上。结节上标有一个

▲陶瓶画上的忒修斯斩杀米诺陶诺斯

印戳及一个代表物品的图符，有时候人们还会加上其他讯息：品质、产地、目的地等。

1982 年在底比斯出土了 55 个结节，带有表示牛的图腾。根据这些细节，我们可以重建这些牛当时所经历的旅程：它们来自整个维奥蒂亚，甚至埃维亚岛，被运至底比斯做祭祀品，所系结节是为了证明这些家畜并非偷盗所得，同时标明它们的产地。一旦它们到达目的地，这些结节就被取走并收集以制作会计泥板。结节被用在各种货品上，这解释了为何迈锡尼的会计文献能够如此准确。司书们不用自己来清点物品，他们靠结节来记录表格。

然而，迈锡尼文明从公元前 1200 年开始逐渐衰败了。现有的资料不足以确定当时的希腊世界到底发生了什么，无论原因如何，迈锡尼文明确实随着迈锡尼城和梯林斯城再次被毁而消失了。从公元前 1100 年至公元前 800 年间，不仅是迈锡尼城，希腊各地的城邦又退回到了原始社会时代，这是一个相对落后的黑暗时代，反映这个时代的历史情况大多来源于《荷马史诗》，所以迈锡尼文明接下来的时代又被称为"荷马时代"。继后的公元前 11 世纪见证了新的历史内容，即几何时期的开端和漫长的黑暗时代的肇始。

黑暗中的史诗与传奇

前面我们提到了从公元前 1100 年到公元前 800 年间，希腊各地又退回到了原始社会时代，因为反映这段时期历史情况的文献主要是《荷马史诗》，所以这个时期又被称为"荷马时代"。

"荷马"是何许人也？

相传荷马是古希腊的吟游诗人，生于小亚细亚，创作了史诗《伊利亚特》和《奥德赛》，这两部作品被统称为《荷马史诗》。目前没有确切证据证明荷马的存在，所以也有人认为他是被虚构出来的人物。关于荷马的资料很少，所以对其生平有很多说法，但都缺乏确凿的证据。荷马的出生日期与出生地不详，史诗的成书时间也不详。关于他的生活年代，古希腊历史学家希罗多德认为荷马生活在自己的时代之前至多 400 年，即公元前 850 年左右。

《荷马史诗》是古希腊文学中最早的史诗，也是最受欢迎、最具影响力的文学著作。它是欧洲叙事诗的经典范例，内容丰富多彩，故事情节和人物形象为后世欧洲的诸多作家提供了丰富的素材。其包含的两部史诗最初可能只是基于古代传说的口头文学，靠着乐师的背诵而流传。荷马如果确有其人，应该是将两部史诗整理定型的作者。

《伊利亚特》述说希腊联军统帅阿伽门农和大将阿喀琉斯之间的

▲〔法国〕让·奥古斯特·多米尼克·安格尔《对荷马的礼赞》

冲突，以此为焦点，详细叙述了长达十年的特洛伊战争中发生的故事。阿伽门农抢走阿喀琉斯的女奴，于是阿喀琉斯当众立誓不再参加作战，希腊联军因此节节败退，阿伽门农只好遣人请求阿喀琉斯参战，但是阿喀琉斯不为所动。阿喀琉斯的好友帕特罗克洛斯被赫克托尔所杀，阿喀琉斯为了替好友报仇，改变初衷重返战场，他战无不胜，亲手杀死赫克托尔，因此特洛伊国王普里阿摩斯只身与阿喀琉斯交涉，希望能用重金赎回赫克托尔的尸体。

《奥德赛》描写希腊联军中的伊塔卡岛国王奥德修斯在攻克特洛伊后返回家乡，却在途中漂泊了十年的故事。奥德修斯献出木马奇计，使得希腊联军得以攻破特洛伊城，他却因此刺瞎了海神之子独眼巨人波吕斐摩斯的眼睛，故得罪了海神波赛冬，返乡途中历经劫难，其妻潘尼乐普一直耐心等待丈夫的归来，但是备受求婚者的困扰。最后奥德修斯得到智慧女神雅典娜的帮助，返乡击杀众多求婚者，夫妻得以团圆。

《荷马史诗》中对特洛伊战争的描述，以及有关豪华宫廷、宏大城池和精美工艺的描述，与迈锡尼文化有很多相似的地方，可以说《荷马史诗》中保存了一些对已毁灭的迈锡尼文明的模糊记忆。但由于史诗最终成型于特洛伊战争和迈锡尼文明灭亡的几百年后，所以史诗中对于现实生活的生动描写事例却又都是荷马时代的内容。正因为如此，有关荷马时代的具体信息无法完全依靠荷马史诗中的内容来判定，还要依靠考古发掘才能了解得更为详细和准确。

那么，"荷马时代"的希腊是什么样的呢？

▲〔意大利〕乔万尼·多米尼克·提埃波罗《特洛伊木马进入特洛伊的游行》

荷马时代是指希腊历史中从公元前 11 世纪迈锡尼文明覆灭到公元前 9 世纪第一个城邦建立的历史时期。多利亚人入侵时，伯罗奔尼撒半岛和希腊中部的许多城市都被破坏殆尽，使得商贸往来断绝，文化艺术没落，在这之后的两三百年时间里，城邦的发展停顿，文字的使用也几乎绝迹。所以，荷马时代也有"黑暗时代"的别称。

有考古发掘表明，在公元前 1200 年后的一段时间内，地中海东部的青铜文明都经历了大陷落，宫殿和城市大量被毁。周围的赫梯帝国也在这一时间灭亡，从特洛伊到加沙的城市被摧毁。这次陷落后，人们的定居点变得更小更少，这意味着这些地区的人们经历了饥荒，直接导致了居住人口的减少。在希腊，迈锡尼人使用的线形文字 B 在这一时期也消失了。公元前 1100 年以后，古希腊陶器上，像是迈锡尼时期流行过的生动形象的纹饰消失，取而代之的是简单的几何图案（公元前 1000 年—公元前 700 年）。传统上认为这一时期的希腊本土，失去了和外界的所有联系。

荷马时代相对于迈锡尼文明来说，确实有倒退至原始社会的消极方面，但这个时代也有一个很重要的积极事件发生——铁进入了人们的日常生活。铁器是随着多利亚人的入侵而由北到南传遍希腊的。原来最早使用铁器的民族是小亚细亚的赫梯人，他们在公元前 16 世纪—公元前 15 世纪左右便掌握了冶铁术。直到赫梯在公元前 13 世纪瓦解后，冶铁术才在小亚细亚流传开来。而居住在希腊北部的多利亚人因为其陆路可通小亚细亚山区，所以也学会了冶铁。在他们入侵希腊时，通过战争的方式使希腊地区进入了铁器时代。公元前 10 世纪至公元前

▲〔美国〕本杰明·韦斯特《阿喀琉斯与雅典娜》

▲〔英国〕阿尔玛－塔德玛《读荷马》

9 世纪时，希腊各地已普遍使用铁器，雅典成为当时的冶铁中心。

虽然荷马时代初期曾经有过文化衰退和人口锐减的现象，但从整个希腊来看，铁器在农业生产上的广泛应用是让农耕经济进入了新的发展阶段。到了荷马时代后期，贸易逐渐恢复，人口也逐渐增长。荷马时代快结束时，希腊各地已经开始重新建立起城邦了。所以说，荷马时代作为铁器时代的开始，比之前迈锡尼的青铜文明还是进步的。尽管这个时期的社会发展有了暂时的倒退，但希腊文明在恢复元气后的加速发展也孕育其中。

黄河上升起的太阳

  中国拥有悠久的历史与文化。近年来的考古发掘和研究成果表明，在新石器时代，中国的长江流域、黄河流域和四川盆地等地都各自独立地开始进入了文明时期。

  夏是中国历史上有记载的最古老的朝代，它与商、周两朝被称为"三代时期"。夏朝的奠基人是禹。在尧舜时期，黄河中下游洪水泛滥，尧曾经任命禹的父亲治水，但未成功。待到舜继位后，又任命禹治水，禹用疏通河道的方式解决了水患，稳定了民生。舜死后，禹受禅继位。禹命令各地诸侯进贡各地土特产，用铜铸造成了九鼎，在鼎上刻画了各地应上贡的土特产，以表示夏王是凌驾在各地诸侯之上的"天子"。据《史记》《竹书纪年》等史料记载，从夏朝最初的统治者禹到末代的桀，一共经历了 14 世 17 位王共 471 年的时间，最后被商汤王所灭。

  古代文献中所记载的夏朝事迹不多，但也透露了不少重要信息。在夏朝时已经开始铸造铜器，并进入了青铜时代。夏朝的王位不再是尧舜时代的禅让制，而是由统治者将王位传给自己的后代。夏朝本身是一个邦国，他的君主能够领导更大范围的土地，是各地诸侯拥戴的结果，而各地的诸侯实际上也是各自邦国的君主。

  史书上记载的夏朝一直被认为是一个传说中的朝代。据文献记载，

▲〔清〕谢遂《仿唐人大禹治水图》

▲嵌松石兽面纹铜牌饰

夏朝的活动范围主要是在豫西和晋南一带。学者们有意从这一地域的新石器时代后期的文化遗址中寻找夏朝的身影。经过40年的努力，考古学家们在这方面已经取得了一些进展。

1959年，考古工作者们开始了对河南偃师县二里头遗址的发掘。同年，在河南登封市唐庄乡玉村发现了一处遗址，这便是1960年定名为"二里头文化"的首处遗址。随后，又在豫中西、晋南地区发现了偃师二里头村、巩义稍柴村、登封告成镇、汝州临汝镇煤山街道、夏县东下冯村等多处类型相似的二里头文化遗址。其中，因河南偃师二里头村的遗址最为丰富、典型，故得名"二里头文化"。经过多年的努力，在20世纪80年代，学者们已经根据对这个文化的堆积层次和出土文物的分析，将这个文化遗址分为四期，并根据对出土标本的碳十四测定，得出一至四期的年代约为公元前1900年至公元前1600年的结论。在二里头文化的第一、二期中，工具和武器的制作材料仍然以石头和动物骨头为主，极少出现铜器；到了第三、四期时，则出现了由青铜制作的工具，而且武器和礼器也不乏青铜所制者。由此可以大体推定，青铜器的制造在二里头文化的早期已经逐渐开始了。另外，在二里头文化的三、四期中还发现了一个大型宫殿建筑群的基址。这是一个正方形的夯土台基，总面积约为1万平方米。虽然至今无法确定它的用途，但是它作为文明已经存在的一个证据是可以成立的。

二里头遗址是新石器时代的遗迹，根据出土的民居遗迹可以估计出当时二里头的人口超过2万，是当时世界上最大的聚落之一。通过对二里头遗址周围土壤中残留的种子进行分析，发现土壤中存在黍子、高粱、小麦、大豆、水稻等作物。这就意味着五谷杂粮的种植，在二里头文化中是有迹可循的，也意味着当时的粮食供应十分稳定，受气候和自然灾害的影响不大。

那么，二里头文化是否就是夏朝呢？目前学者们对此众说纷纭，这只能等待进一步的考古发掘和研究来解决了。

▲青铜爵

历史的齿轮在转动

商朝又称大邑商，周人称商为殷（公元前 1600 年—公元前 1046年），是由商人建立的国家，也是中国历史上第一个有当时文字记载的国家。这标志着中国历史离开了传说。商代出现的甲骨文和金文（因多刻于青铜器上，亦称"铭文"）是已发现的中国最早的文字。关于商朝的传世文献，多来自其一千年后的记录，主要有东周的《竹书纪年》《尚书》，西汉司马迁的《史记》。

商原来是一个长期与夏朝并存的、从属于夏的方国。相传商的始祖是契，传了十四代才至汤。汤在伊尹的辅佐下逐步扩大商的势力，最后联合诸侯打败了夏桀。于是，汤就取代夏王成为管理诸侯的领袖，并在公元前 17 世纪时建立了商王朝。

商朝的末代统治者纣王滥用武力，虐待臣民，激起了民愤。所以最后当周武王率领一众诸侯来讨伐纣王时，纣王的军队阵前倒戈。纣王最后自焚而亡，商朝被周朝所取代。商朝总共经历过 17 世 31 位统治者，存在了 554 年。

直到 20 世纪 90 年代，学者们对商朝历史的了解更多是来源于传统的历史文献。从 1899 年甲骨文被发现开始，甲骨文的研究和考古发掘一并成为了解商朝历史的切实方法。在河南郑州发现了大约建于公

▲利簋，又名"武王征商簋"，器内底铸铭文记载了武王伐纣这一重大历史事件。利簋是迄今能确知的最早的西周青铜器

元前 1620 年的商城，城的周长为 6960 米，城内的东北区还有几处大面积的建筑基底——这可以确定为是商朝早期的一个重要都邑。在河南安阳的殷墟考古发掘中，已经出土了甲骨卜辞 10 万件以上。在殷墟中我们还发现了宫殿遗址、王室与贵族的墓葬，这为我们去了解当时商朝的社会经济状况提供了大量丰富而直观的材料。

周朝是中国历史上继商朝之后的王朝，也是最后一个完全施行封建制度的世袭王朝。周朝分为西周（约公元前 1100 年—公元前 771 年）与东周（公元前 770 年—公元前 256 年）两个时期。西周从周武王灭殷商建国并定都镐京（宗周）起，至周幽王亡国止。东周都城为洛邑（今河南洛阳），其时代又可分为春秋时期（公元前 770 年—公元前 476 年）与战国时期（公元前 476 年—公元前 221 年）。公元前 256 年秦昭襄王废黜周赧王，东周亡。

相传周的始祖是弃，大约与禹是同时代人。夏朝灭亡后，他的子孙后代便逃入了戎狄之间，之后的世系就无法考证了。后来弃的后裔迁到周原，这才有了"周"的名字。周人崛起于周原，在武王伐纣灭商朝后建立西周。武王灭商后不久即病逝，周公旦摄政，引起武王其他几个弟弟管叔、蔡叔等的疑忌，商纣王之子武庚见机拉拢诸侯发动叛乱。周王朝面临严峻的形势。周公东征，平定了叛乱，并且借助大量分封诸侯来稳定东土。西周国力于成王、康王时达到巅峰，在昭王、穆王时期持平。共王、懿王、孝王、夷王时期国势渐衰，最后发生国人暴动与共和行政。宣王中兴只是西周的回光返照，宣王后期周室混乱，最后于周幽王时发生犬戎之祸，西周灭亡。之后，平王东迁首都

▲何尊。尊内底部铸有铭文 12 行、122 字，其中"宅兹中国"为中国一词最早的文字记载，记述的是周成王继承周武王遗志，营建东都成周之事

到成周，东周开始了。周的势力大大衰弱。周室与诸侯作战失败，使"礼乐征伐自天子出"的情形一去不返。春秋时期的尊王攘夷运动产生"春秋五霸"等霸主。到战国时期以下克上事件不断，战国七雄彼此合纵连横。周室最后被秦国废除，七雄最后也由秦所统一。

周朝是以周族为代表和主体的华夏族与周边诸族交往、融合的重要时期。自西周实行分封制后，中原华夏族文化同四周的方国文化相互交流融合，形成若干各具特色的地区性文化。

商和西周一共历经700余年，在这个时期里，世界上各个文明古国也发生了相当大的变化。在与商朝大致相当的时间段（公元前17世纪—公元前11世纪）内，南亚次大陆上的哈拉巴文化已经消失，正处于雅利安人占主导地位的早期吠陀时代；两河流域的古巴比伦王国已经解体，美索不达米亚平原南部未再出现新兴的强大国家，而其北部则有亚述在逐渐壮大；古埃及此时正处于新王国时期；在小亚细亚与地中海东部，赫梯正在兴起，试图与埃及在叙利亚地区一决高下；在希腊地区，米诺斯文明经过繁盛后衰亡，迈锡尼文明正是兴起之时。这一时期，世界上的各个文明都在经历着民族在地域间的迁徙与变动，都在试图将文明进程由青铜时代推向铁器时代。

在与西周大致相当的时间段（公元前11世纪中期—公元前8世纪早期），地中海东岸的腓尼基正处于商贸繁荣之时；犹太人在巴勒斯坦地区开始建立自己的国家；在两河流域崛起的亚述，此时逐渐形成一个可称霸近东地区的帝国；在希腊和爱琴海地区，此时已进入了文明发展停滞不前的"荷马时代"，这个黑暗时代要到公元前8世纪才会结束；与之形成对比的是印度和西亚开始进入了早期铁器时代，亚述帝国则是铁器时代出现的第一个帝国。

中国商周之间的交替与当时世界上其他文明的变迁有相似的地方，也有自己的独特之处。相似的是，原来在文化上较为先进的文明被较为落后的对手取代。不同的是，周朝取代商朝并不是以铁器文化更迭青铜文化，而是在商朝的青铜文化基础上继续发展，有所改进和变革。

历史人物

奠定西周的周文王

虽然大战商纣王的军队、正式建立起西周的是周武王姬发，但是这一切的准备早在周武王的父亲——周文王姬昌时期就开始了。

文王的父辈

周朝的兴盛要从周文王的祖父古公亶（dǎn）父说起。古公亶父执政时，正是商王武乙的统治时期。古公亶父鼓励周族百姓积极发展农业，所以田地年年丰收。那时候西北的戎狄经常侵犯周的领土，百姓的生活并不安宁。于是古公亶父决定将部落迁到岐山，在这里开垦荒地，发展农业，建立诸侯国，并定国号为周。岐山附近土地肥沃，粮食收成更好了，周人因此也越来越强盛。为确保周国的安全，古公亶父和附近的各个国家建立起友好的关系，并且表示愿臣属于商王朝，以减少来自戎狄的威胁。

周文王的父亲季历继位后，也励精图治，在商王朝的支持下，他对周边的戎狄发动了一系列战争。周的强大让商非常不安，商王为了打压周的势力，就借着封赏的名义，把季历叫到了王都，封他为"方伯"，号称"西伯"，但其实是把他关了起来。不久，商王编造了一

▲周文王像 清·无名氏《历代帝王圣贤名臣大儒遗像》

个罪名，将季历杀死了。

继位为仁

季历死后，姬昌（即周文王）继位。为了使周国强盛起来，姬昌采取了"联横合纵"的策略，一方面改善与周边部落的关系，通过结盟或联姻，巩固了周族的联盟；另一方面，他积极发动对周边小国的征战，显著扩大了周族的势力范围。在姬昌的领导下，周国逐渐崛起为西方诸侯之长，为后来的伐商大业奠定了坚实的基础。除此之外，姬昌非常看重人才，对待贤士十分尊敬，皆委以重任，许多其他国家的人听说这些后都来投奔他。

姬昌对待百姓也十分仁慈，从不施行残酷的刑罚。相传商纣王发明了一个十分残忍的刑罚，将一个涂满油的铜柱放在火坑上，让犯人在上面行走。姬昌得知后，表示如果纣王愿意停止使用这种刑罚，他愿意献上自己的一片土地，纣王很高兴地答应了。虽然周文王失去了一块土地，但也使得更多的老百姓成为他的支持者。

断讼称王

周文王在诸侯之间的威望越来越高。史书上记载，当时的两个诸侯国发生了矛盾，闹得不可开交，就想让德高望重的周文王来看看谁对谁错。使者到了周国，看见周国的人都非常有礼貌，人人都尊老爱

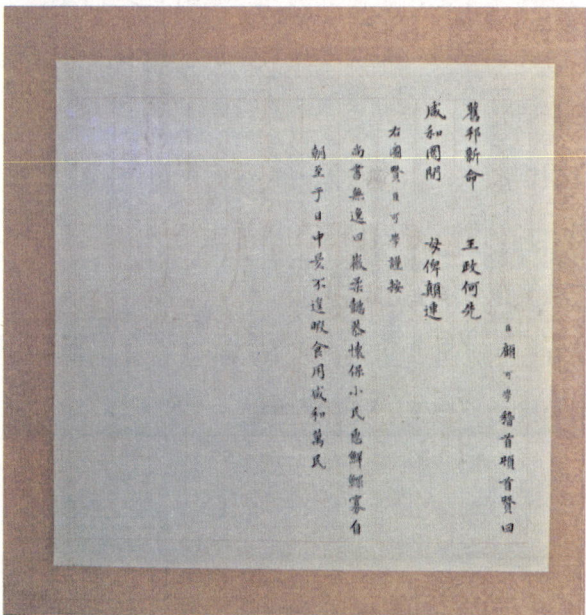

▲明·仇英《帝王道统万年图册之周文王》

幼，使者心中很是惭愧，他回去说道："我们所争吵的，是周国人觉得很可耻的，那我为什么还要去呢？这样只能带来更多的羞耻。"大家听后，便立即结束了争吵。后来，诸侯听说了这件事，就常常找姬昌为大家评判道理。

被捕入商

周文王的支持者越来越多，纣王开始忌惮周文王，于是找借口将他关了起来。明代小说《封神演义》中讲到，当时周文王的长子伯邑考也在商朝做人质，纣王为了验证周文王是否真的有卜算吉凶的能力，就把伯邑考杀了之后，做成肉丸子拿给周文王吃。周文王虽然已经算出这是儿子的肉，但是为了让纣王放松警惕，就假装全然不知，从容地吃下了肉丸。

后来，周国的大臣将奇珍异宝和美女献给纣王，才使得纣王终于放走了姬昌。回到周国后，周文王更加励精图治，发展经济，训练军队，同时招纳了更多的人才。

周文王在位五十年，虽然他没有亲手推翻商王朝，但是他为儿子周武王后来的成功，奠定了坚实的基础。

开创周朝的英明君主——周武王

周武王是中国历史上一位杰出的君主。他以其卓越的智慧和勇气，推翻了暴虐的商朝，建立了西周王朝。在位期间，他推行了一系列有益于国家发展的政策，关心百姓疾苦，勤政爱民。同时，他还注重加强国家的军事力量和文化教育，为国家的繁荣和稳定提供了有力的保障。周武王的高尚品德和崇高精神，不仅赢得了人民的尊敬和爱戴，也为中国古代社会的发展和进步树立了典范。他的事迹和精神将永远铭刻在中国历史的长河中，成为后人学习和敬仰的楷模。

武王之崛起

周武王，姬姓，名发，是周文王的次子，也是西周的开国君主。他继承了父亲周文王的遗志，致力于推翻暴虐的商朝，建立一个更加公正、和谐的社会。

武王自幼聪明过人，勤奋好学。在父亲的悉心教导下，他学习了治国安邦的方略，也深谙兵法之道。他深知，要想推翻强大的商朝，单凭一己之力是远远不够的，必须团结一切可以团结的力量，共同为推翻暴政而努力。

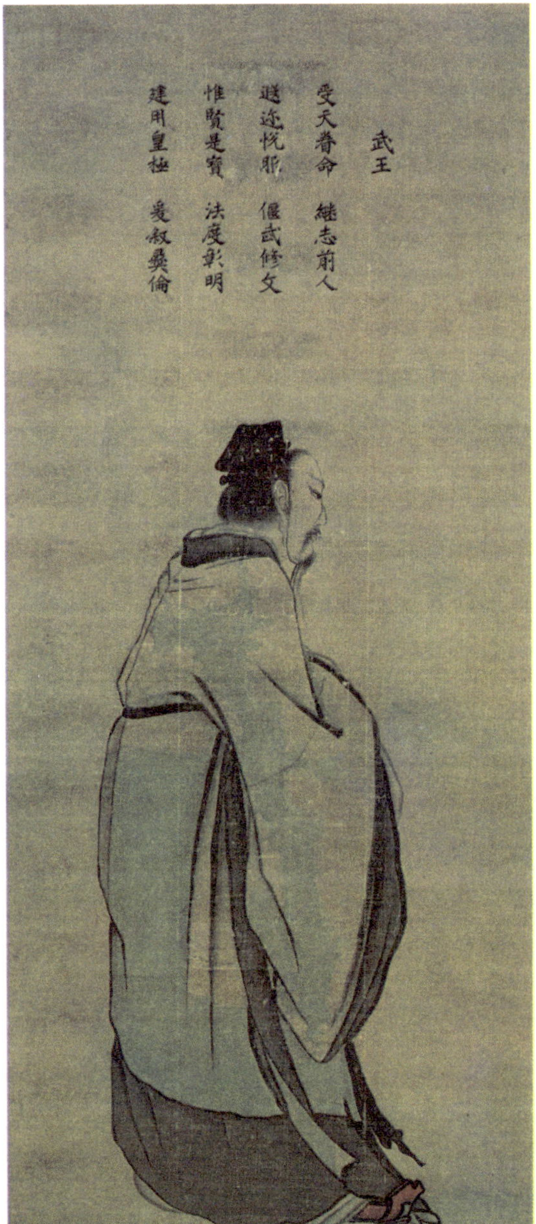
武王
受天眷命 繼志前人
遐迩悦服 偃武修文
惟賢是寶 法度彰明
建用皇極 爰叙彝倫

▲南宋·马麟《周武王立像》

武王伐纣

武王伐纣，是中国历史上著名的战役之一。商朝末年，由于商纣王残暴无道，导致民不聊生，怨声载道。武王在得知这一情况后，决定联合诸侯国共同讨伐商纣王。

在伐纣之战中，武王充分发挥了自己的军事才能。他制定了周密的作战计划，选择了有利的时机和地点进行决战。同时，他还运用了心理战术，瓦解了商军的士气。在武王的英明指挥下，周军势如破竹，一路高歌猛进，最终成功推翻了商朝的统治。

武王伐纣的胜利，不仅结束了商朝长达五百多年的统治，也为中国历史翻开了新的一页。从此，周朝开始了长达八百多年的统治时期，为中国古代社会的发展和进步奠定了坚实的基础。

武王治国

武王在推翻商朝后，并没有满足于现状，而是继续致力于国家的治理和发展。他深知，要想使国家长治久安，必须实行德政，关心百姓疾苦。

武王在位期间，推行了一系列有益于国家发展的政策。他减轻赋税，鼓励农业生产，使得国家的经济得到了迅速的发展。同时，他还注重文化教育，提倡尊师重道，培养了一批批有才有德的官员和士人。

这些政策的实施，使得周国的社会风气得到了明显的改善，人民的生活水平也得到了显著的提高。

此外，武王还注重加强国家的军事力量。他亲自选拔和训练士兵，提高了军队的战斗力。同时，他还加强了对边境的防御，确保了国家的安全。这些措施的实施，为周国的繁荣和稳定提供了有力的保障。

武王之德

武王不仅是一位英明的君主，更是一位具有高尚品德的人。他关心百姓疾苦，勤政爱民，深受人民的尊敬和爱戴。

武王在位期间，始终保持着谦虚谨慎的态度。他深知个人的能力和智慧有限，因此总是虚心向他人请教，不断学习和进步。同时，他还注重听取不同意见，善于集思广益，使得国家的政策更加符合人民的利益。

武王还非常注重个人的品德修养。他始终坚守道德底线，以身作则，为官员和士人树立了良好的榜样。他的高尚品德和崇高精神，不仅赢得了人民的尊敬和爱戴，也为中国古代社会的发展和进步树立了典范。

▲明·丁云鹏《丹书受戒图》

史诗的巨匠与传奇的缔造者——荷马

在古希腊，有一位被后世尊称为"西方文学始祖"的盲诗人——荷马。他的生平如同他笔下的史诗一样，充满了神秘与传奇。相传，荷马约生活在公元前9世纪至前8世纪，尽管关于他的确切生平资料寥寥无几，但他留下的两部杰作《伊利亚特》和《奥德赛》却成了西方文学史上不可磨灭的丰碑。

荷马的神秘面纱

荷马的神秘之处在于，他的真实身份和生平事迹一直是个谜。有人说他是一位盲人，有人说他是一位贵族，还有人说他是一位历史学家。这些说法虽然无法证实，但却为荷马的形象增添了几分传奇色彩。正是这种神秘感，使得荷马成为了古希腊文化中的一位不朽的传奇人物。

荷马的史诗巨著

荷马的两部史诗《伊利亚特》和《奥德赛》是古希腊文学的瑰宝，

▲荷马

也是世界文学史上的经典之作。这两部史诗以宏大的叙事结构、鲜明的人物形象和深刻的主题思想，展现了古希腊社会的风貌和人文精神。

《伊利亚特》以特洛伊战争为背景，以阿喀琉斯的愤怒为主线，以希腊联军主将阿喀琉斯和特洛伊王子赫克托耳的决斗为主线，讲述了希腊联军与特洛伊人之间惊心动魄的战斗。这部史诗通过对残酷战争的描绘，揭示了人性中的勇气、荣誉和牺牲精神，展现了古代英雄

▲特洛伊战争

们的骁勇善战和鲜明个性，同时也反映了古希腊社会的价值观和道德观念。

如果说《伊利亚特》是战争与荣耀的赞歌，那么《奥德赛》则是智慧与归途的传奇。这部史诗以奥德修斯的冒险经历为线索，讲述了英雄奥德修斯在特洛伊战争后历经十年漂流，凭借他的智慧和勇气，克服了一个又一个难关，最终战胜了所有敌人，返回故乡与家人团聚的故事。这部史诗采用倒叙的手法描绘了奥德修斯的 10 年海上经历，其中包含了许多远古的神话，反映出古希腊人同自然的作斗争的坚韧与勇敢，赞扬了人类的智慧与情感。

荷马史诗的影响与传承

荷马的创作理念强调了文学作品的真实性和可信度。他通过对历史事件和人物的深入挖掘和生动描绘，使得他的作品具有了极高的真实感和可信度。

在叙事手法方面，荷马通过宏大的叙事结构、鲜明的人物形象和生动的情节描绘，使作品呈现出极高的艺术价值。

荷马的作品通过描绘战争、英雄、家庭等主题，展现了人性的光辉与黑暗。这种主题思想对后来的文学家产生了重要的影响，使得他们更加注重文学作品的人文关怀和深度思考。

荷马的史诗不仅是古希腊文学的瑰宝，更是西方文学的始祖。它们对后世的宗教、文化和伦理观产生了深远的影响。在很长一段时间里，荷马史诗都是西方文学创作的重要题材和灵感来源。无数作家、诗人从中汲取营养，创作出了一系列优秀的文学作品。

胡夫：埃及新王朝的巨匠

胡夫的崛起与统治

胡夫（Khufu），又名胡尼胡夫、奇阿普斯。作为埃及第四王朝的第二位法老，胡夫不仅是这个新王朝的杰出领导者，更是古埃及历史上强大的法老之一。胡夫的统治时期大约从公元前 2598 年开始，直到公元前 2566 年他离世，尽管关于他确切的在位时间存在争议，但无疑他的一生充满了传奇色彩。

胡夫出生于一个王族家庭，他的父亲是斯尼夫鲁法老，母亲则是赫特弗瑞丝一世王后。这样的家庭背景为他日后的统治奠定了坚实的基础。胡夫的名字 Khufu，意为"赫努姆神保护我"，这不仅体现了古埃及人民对神灵的崇拜，也预示了他日后在政治和军事上的辉煌成就。

胡夫在位期间，重新建立了埃及王朝，将埃及从一个族群共同体转变成一个强大的帝国。他推行了一系列新政，加强了中央集权，巩固了法老的统治地位。他建立了新的法律，使埃及的政治、经济和军事得到了空前的统一。此外，胡夫还注重基础设施建设，改善了城市环境，建造了许多大型工程，如埃及河上的大坝、大量的公路和港口等，为古埃及的经济发展和社会文化发展提供了坚实的基础。

在军事上，胡夫也是一个英明的领袖。他重组了埃及的军队，使其变得更加强大，并重新拓展了埃及的领土。他远征西奈半岛和努比亚的策略，巩固了从尼罗河三角洲到努比亚的帝国。胡夫的这些举措，使埃及成为古代地中海地区最强大的国家之一。

胡夫的宗教信仰与文化贡献

胡夫不仅是一个杰出的政治家和军事家，他还是一个有着深厚宗教信仰的君主。他推行了新的宗教信仰，将亚特异教拉丁罗马神联合起来，建立了一个新的宗教体系，使埃及的宗教更加多元化。这一举措不仅体现了胡夫对宗教的尊重，也反映了他对古埃及文化的深刻理解和热爱。

此外，胡夫还在文化艺术方面作出了巨大贡献。他重视文化教育，提倡学术研究，鼓励艺术家们创作更多的艺术作品。在胡夫的统治下，古埃及的文化艺术达到了一个新的高度。金字塔的建造更是他文化贡献的巅峰之作。胡夫金字塔不仅是古埃及文明的象征，也是世界建筑史上的奇迹之一。这座金字塔以其完美的比例和精准的天文定向，展现了古埃及人民的智慧和才华。

▲胡夫金字塔

胡夫的争议与影响

胡夫的统治并非一帆风顺。他的高压政策和残暴手段也引起了人们的争议和批评。据史书记载，为了修建金字塔，胡夫关闭了所有的神庙，强迫所有埃及人为建造金字塔工作。这种残酷的剥削和压迫让人民陷入了深重的苦难之中。

尽管胡夫的统治存在争议和批评，但他对古埃及的贡献和影响却是不容忽视的。他重新建立了埃及王朝，推行了新的政策和法律，加强了中央集权，巩固了法老的统治地位。他建造了金字塔等伟大工程，为古埃及的文化艺术发展作出了巨大贡献。他的"遗产"至今仍然对世界产生着深远的影响。

汉谟拉比：两河流域的正义之王与法典缔造者

汉谟拉比，不仅是巴比伦第一王朝的第六代国王，更是统一两河流域、制定《汉谟拉比法典》的传奇人物。

早年磨砺：从继承到掌权

汉谟拉比，约公元前 1810 年出生于美索不达米亚，是阿摩利人辛穆巴里特的儿子。在那个时代，巴比伦只是一个微不足道的小城邦，周围强敌环伺，地缘政治环境复杂。公元前 1792 年，汉谟拉比正式继位，成为巴比伦的第六任君主。面对内忧外患，他没有退缩，而是以一种坚定的信念和决心，开始了他的统治生涯。

征服之路：从城邦到帝国

汉谟拉比即位后，迅速制定了雄心勃勃的征服计划。他深知，只有统一两河流域，才能确保巴比伦的长治久安。他巧妙地利用外交手段，结成了巴比伦与周边城邦的联盟，共同对抗强大的埃兰王国。他

的军队纪律严明，士气高昂，成为了两河流域不可一世的力量。

从公元前 1787 年起，汉谟拉比亲自率军，先后灭掉了伊新、拉尔萨、马里等城邦，甚至一度将巴比伦的统治区域扩展至整个美索不达米亚。历经 35 年的艰苦征战，终于将两河流域的大部统一在巴比伦的铁腕之下，从而开创了强盛的巴比伦帝国。

法典与治理：古代立法者的智慧与贡献

汉谟拉比为了巩固统治，建立了一套完善的法律体系——《汉谟拉比法典》。于是，世界上古代的第一部比较完备的成文法典就此诞生了。

这部法典以楔形文字铭刻在石柱上，共有条文 282 条，内容涵盖了诉讼手续、损害赔偿、租佃关系、债权债务、财产继承、对奴隶的处罚等各个方面。它不仅是古巴比伦王国法律的集大成者，更是人类法制史上的瑰宝。

在法典的制定过程中，汉谟拉比亲力亲为，他广泛搜集法律条文，倾听民众的意见和建议。他宣称自己是神宠爱的人，王权神授，任何违反法律的人都会受到神灵的诅咒。这种神权与王权的结合，使得《汉谟拉比法典》在当时具有极高的权威性和执行力。

汉谟拉比的治理策略不仅注重法律制度建设，还十分注重道德教育和文化传承。他提倡尊老爱幼、尊重女性等道德规范，弘扬了巴比伦文化的优良传统。同时，他还注重文化教育的发展，兴办学校、培养人才，为巴比伦帝国的文化繁荣奠定了坚实的基础。

治国理政：中央集权的建立

除了军事征服和法制建设外，汉谟拉比还致力于国家的治理和改革。他建立了中央集权的体制，国王一人独揽国家的军政权力、立法权和司法审判权。同时汉谟拉比也设立了庞大的官僚体系，从中央到地方都设有官员进行管理。他还建立了常备军制度，提高了士兵的地位和待遇，确保国家有一支随时可征召的军队。

在经济方面，汉谟拉比重视兴修水利和发展农业。他开凿了沟通基什和波斯湾的运河，使大片荒地变成良田。他还鼓励商业贸易的发展，促进了经济的繁荣。

晚年与传承：帝国的余晖

公元前 1750 年，汉谟拉比去世，享年约 60 岁。他去世后，古巴比伦王国又延续了 150 多年，至公元前 1595 年被赫梯人所灭。但汉谟拉比的名字和他留下的《汉谟拉比法典》以及中央集权的体制却永远镌刻在了人类历史的丰碑上。他同时也被誉为古代立法者、正义之王和两河流域的伟大君主。

忒修斯：雅典的英雄传奇

在古希腊，有一位传说中的英雄人物——忒修斯。他不仅是雅典的国王，更是无数人心中的英雄楷模。忒修斯从他诞生时起就充满了神秘色彩，他的父亲是雅典国王埃勾斯，母亲则是特隆泽的公主埃特拉。埃勾斯在与埃特拉成婚后没几天便重新回到了雅典，临走前将年幼的忒修斯托付给埃特拉抚养，并在海边巨石下埋下宝剑和凉鞋，嘱咐埃特拉待儿子长大后，指引他前往雅典，以此作为将来相认的信物。

成长的磨砺

忒修斯在母亲埃特拉和祖父庇透斯的抚养下茁壮成长，不仅体格健壮，而且智慧超群，性格中更带着一股不屈的勇气。

到十六岁那年，忒修斯得知了自己的身世，决定踏上寻找父亲的旅程。忒休斯毫不费力地搬动巨石，取出了宝剑和凉鞋。为了证明自己，忒休斯毅然放弃了人们普遍认为对他更有利的水路，而选择了充满危险与未知的陆路前往雅典。旅途中，他凭借勇气和智慧，一路披荆斩棘，击败了沿途的强盗和猛兽，包括恶名昭著的"舞棍手"佩里弗特斯和"扳树贼"辛尼斯，最终来到了雅典与父亲埃勾斯相认。

▲忒修斯

王者之路

在雅典，忒修斯面临着来自家族内部的阴谋和挑战。他凭借自己的智慧和勇气，成功地击败了觊觎王位的 50 个堂兄弟，登上了雅典国王的宝座。从此，他开始了治理雅典的辉煌岁月，为雅典的繁荣和稳定立下了赫赫战功。

迷宫之战与英雄归来

米诺陶诺斯是克里特岛上的一只凶猛怪兽，它被关在迷宫中，每年都要吃掉一定数量的雅典青年。忒修斯为了拯救雅典青年，勇敢地接受了米诺陶诺斯的挑战，进入了那座充满了危险的迷宫。忒修斯凭借自己的智慧，成功地找到了迷宫的出口，并凭借自己的长矛技巧，成功地击败了米诺陶诺斯。这一壮举不仅为雅典赢得了荣誉与和平，还奠定了忒修斯在古希腊英雄史上的地位。

治理雅典

登上王位后，忒修斯开始致力于治理雅典。他发明了雅典的政府形式，为雅典的繁荣和稳定奠定了基础。他注重法治和公正，严惩腐败和犯罪，使得雅典的社会风气焕然一新。同时，他还注重发展经济和文化事业，使得雅典逐渐成为古希腊世界的文化中心之一。

历史影响

忒修斯作为古希腊的英雄传奇人物，对后世产生了深远的影响。他的故事不仅被后人传颂，还成了文学和艺术创作的灵感源泉。

忒修斯的故事被多次改编成文学作品和艺术作品，如纪德的长篇小说《忒修斯》、古希腊戏剧等。这些作品通过丰富的想象和生动的描绘，使得忒修斯的形象更加深入人心。

忒修斯的故事不仅具有文学和艺术价值，还具有深刻的社会意义。他勇敢无畏、智慧超群、治理有方的形象成了人们心中的理想典范。他的故事告诉我们：只有勇敢面对困难、挑战自我、不断创新和进取，才能取得真正的成功和荣耀。这种精神激励着后人在面对困难和挑战时，勇往直前，不断追求更高的目标。

扫罗：以色列联合王国的首任君主

平凡出身，不凡命运

扫罗出生在一个普通的家庭，家住基比亚，一个不起眼的村落。他平日里帮助父亲耕田赶牛，寻找失散的牲畜，过着平凡而朴素的生活。然而，命运的转折悄然而至。当以色列人向撒母耳祈求立一位王时，撒母耳根据上帝的旨意，选中了扫罗。尽管扫罗一再推辞，认为自己不配为王，但撒母耳依然坚持将他立为以色列的王。

英勇抗敌，声名鹊起

扫罗即位之初，便面临亚扪人的入侵。他迅速动员军队，亲率大军迎战，以少胜多，大败亚扪人，成为以色列的英雄。此后，扫罗趁势建立了一支强大的军队，与腓力斯丁人作战并取得了胜利。这场胜利不仅巩固了扫罗的王位，也促进了以色列犹太民族的统一，同时，扫罗的英勇善战和出色的领导力，也使得以色列人民对他充满了敬意和信任。

▲扫罗之死

权力腐化，性格转变

然而，随着权力的膨胀，扫罗的性格逐渐发生了变化。他开始不敬神明，每天求神问卜，身边聚集了一群谄媚奉承的小人。他的嫉妒心也日益增强，尤其是当大卫的战功逐渐盖过他时，他更是视大卫为眼中钉，多次追杀大卫。扫罗的暴戾和猜忌不仅削弱了国家的实力，也让他失去了许多忠诚的朋友和亲人。

战争与失败，英雄末路

扫罗的统治在与腓力斯丁人的决战中最终走向了末路。扫罗因轻敌冒进，在基利波山遭到惨败。在绝望之中，他选择自杀以避免被俘受辱。扫罗和他的三个儿子以及众多将士一同战死沙场，标志着以色列联合王国初期的动荡与不安。

历史影响

扫罗的一生充满了传奇与矛盾。他从一个平凡的田间耕夫成长为一位英勇的国王，又在权力的腐蚀下走向毁灭。他的生平不仅是一段个人奋斗与堕落的历史，更是以色列民族从分裂走向统一、从动荡走向稳定的缩影。扫罗的故事将永远激励后人思考权力、责任与人性之间的复杂关系。

大卫王：以色列的辉煌与荣耀

大卫王的早年生活与崛起

公元前 11 世纪，一个名叫大卫的男孩在以色列这片土地上悄然降生。他并非出身王族，而是犹大支派耶西的第八个儿子，生于伯利恒（今巴勒斯坦中部城市）。

大卫早年的生活并不轻松。他在牧羊时常常需要在野外与猛兽搏斗，保护自己的羊群。然而，正是这种艰苦的环境锻炼了他强健的体魄和勇敢的性格。大卫不仅擅长使用牧羊人常用的武器"机弦"（类似于现代的弹弓），还精通音乐，尤其是竖琴。他的琴声悠扬动听，能够抚慰人们的心灵，因此被选召到宫中为扫罗弹琴驱魔。

大卫的崛起始于一场意外的挑战。当时，以色列人与非利士人（腓力斯丁人）之间的战争持续不断，非利士人派遣了一个名叫歌利亚的巨人前来挑衅。歌利亚身材高大，力大无穷，以色列人无人敢应战。然而，大卫却勇敢地站了出来，他带着机弦，孤身一人迎战歌利亚。在激烈的战斗中，大卫凭借机智和勇气，成功击败了歌利亚，赢得了以色列人的赞誉和尊敬。

这场胜利让大卫声名鹊起，也让他得到了扫罗王的赏识和重用。此后，大卫成了扫罗王的得力助手和军事将领，为以色列的繁荣和强大贡献了自己的力量。

大卫王的辉煌统治与王朝建立

随着时间的推移，大卫的声望和影响力逐渐扩大。他不仅在军事上表现出色，还在政治和文化方面有着卓越的贡献。他成功地统一了以色列各支派，建立了一个强大的王国，并将首都迁至耶路撒冷。这个王国不仅在经济上繁荣昌盛，还在文化和宗教方面取得了显著成就。

大卫王在位期间，犹太王国经历了一段辉煌的时期。他巩固了王国的边界，通过外交手段扩大了王国的领土。他与邻国建立了友好关系，并与之进行贸易和文化交流，为王国的繁荣作出了重要贡献。此外，大卫王还注重文化和教育的发展，他鼓励人们学习知识和文化，为以色列的文化繁荣奠定了基础。

大卫王的政治制度也相对稳定。他确立了王权的合法性，并制定了一系列法律和规章来管理王国。他设立了官员和行政机构，负责管理各个领域的事务，使得王国的政治运作更加有序和高效。这些制度为以色列的长期发展奠定了坚实的基础。

大卫王的一生充满了传奇色彩。他不仅是一位杰出的军事将领和政治领袖，还是一位有着卓越文化修养和深厚宗教信仰的君主。他的统治为以色列带来了繁荣和强大，也为后世留下了宝贵的遗产和深远的影响。

所罗门：智慧之王

继承王位，开启盛世

在古老的以色列土地上，有一个名字被历史铭记——所罗门。他不仅是古以色列联合王国的第三代君主，更是以智慧与治下繁荣著称的伟大领袖。据犹太教经典《塔纳赫》记载，所罗门是大卫王与拔示巴所生的儿子，于公元前990年出生在耶路撒冷。公元前970年大卫王去世后，所罗门继承了父亲大卫王的遗志，登上了王位。

所罗门继位的时代，正是以色列的鼎盛时期。他凭借着卓越的才能和坚定的意志，迅速巩固了自己的统治地位。他深知政治斗争的残酷，因此上台后便着手消除潜在的政敌，将亲信安插在军事、政府和宗教机构中。这种果敢而明智的举措，为他日后的统治奠定了坚实的基础。

智慧治国，繁荣盛世

所罗门以智慧著称于世。他不仅是一位杰出的政治家和军事家，更是一位具有远见卓识的领导者。他深知，要想让国家长治久安，必须大力发展经济和文化事业。因此，他采取了一系列措施来推动国家的繁荣和发展。

首先，所罗门大力发展商业贸易。他修建了四通八达的贸易路线，与周边国家建立了紧密的贸易联系。这不仅为以色列带来了丰厚的经济收益，还促进了不同文化之间的交流与融合。

其次，所罗门在行政管理方面也有独到之处。他将以色列原有的12支派重新划分为12个行政区，并设立总督制度来管理各个区域。这种制度有效地提高了行政效率，加强了中央集权。同时，他还通过联姻的方式与周边国家建立友好关系，进一步巩固了以色列的地位。

另外，所罗门注重文化建设。他鼓励人民学习知识，提高文化素养。他亲自撰写了《雅歌》和《箴言》等经典著作，为后世留下了宝贵的文化遗产。此外，他还修建了宏伟的耶路撒冷圣殿，成为犹太教的圣地，吸引了无数信徒前来朝拜。

晚年困境，传奇落幕

然而，所罗门的晚年却陷入了困境。他逐渐变得奢侈浪费、沉迷女色，宠爱许多异族女子。这些女子不仅影响了他的治国理念，还让他开始崇拜异族之神。这种行为引起了国内民众的强烈不满和抗议。

此外，所罗门在位期间还面临着外敌的威胁。北方的非利士丁人和东方的亚述帝国都对以色列这块肥沃的土地虎视眈眈。然而，由于

▲〔意大利〕拉斐尔《所罗门的审判》

所罗门晚年的奢侈浪费和外交失误，以色列的国防力量逐渐削弱，国家安全岌岌可危。

公元前 931 年，所罗门王逝世。他的离世也标志着以色列联合王国的黄金时代就此结束。

传奇法老：拉美西斯二世的辉煌与传奇

少年英才，初露锋芒

拉美西斯二世，不仅是古埃及第十九王朝的杰出法老，更是埃及新王国时代的最后一位伟大君主，他的统治时期标志着古埃及文明的鼎盛与辉煌。拉美西斯二世去世后，埃及王朝迅速走向衰落，并再也未能重现荣光。

拉美西斯二世诞生于公元前 1303 年 2 月 21 日，是古埃及第十九王朝法老塞提一世之子。自幼在"法老学校"接受严格的教育，10 岁便在军中任职，15 岁时便随父出征，展现出了非凡的军事天赋和领导才能。他很快便学会了作为国王所必需的两项技能：以军事手段征服敌方和建造王宫。这些经历为他日后的辉煌成就奠定了坚实的基础。

征战四方，威震天下

拉美西斯二世的统治时期是埃及新王国最后的强盛年代。他进行了一系列远征，以恢复埃及对巴勒斯坦的统治，并在叙利亚与赫梯帝

▲拉美西斯二世的大神庙

国发生了激烈的冲突。最著名的战役莫过于公元前 1285 年的卡迭石战役，这场战役虽然起初因情报失误而陷入困境，但拉美西斯二世凭借过人的勇气和智慧，最终成功击退了赫梯军队，并在两年后与赫梯帝国签订了历史上第一个著名的国际协定——《埃及赫梯和约》。这份和约不仅展示了拉美西斯二世的外交才能，也标志着古埃及在国际舞台上的重要地位。

建筑巨匠，留下永恒

除了军事和政治上的成就，拉美西斯二世还是一位不知疲倦的建设者。他对庞大土木工程的热情使埃及各地都留下了他的痕迹。他在阿比多斯和拉美西姆新建了许多庙宇，为卡纳克神庙和卢克索神庙增添了新结构，并兴建了以宏伟著称的阿布辛拜勒神庙。许多前代法老修建的建筑也被刻上了他的名字，这些建筑至今仍是古埃及文明的瑰宝，吸引着世界各地的游客前来参观。

家庭庞大，情感丰富

拉美西斯二世不仅是一位伟大的国王和将军，还是一位拥有庞大家庭的君主。他共有 8 位皇后和无数嫔妃，生育了 100 多个儿女。其中，奈菲尔塔利是他最宠爱的王后之一，她的名字寓意着"最美丽的女人"，两人在政治和外交上相互扶持，共同巩固了拉美西斯二世对上下埃及的统治。然而，随着岁月的流逝，奈菲尔塔利的地位逐渐下降，但她在拉美西斯二世心中的地位却始终如一。

晚年岁月，传奇落幕

公元前 1213 年，拉美西斯二世在培尔—拉美西斯辞世，享年 90 多岁。他的遗体被制成木乃伊，以隆重的仪式下葬于帝王谷的陵墓中。然而，陵墓内的陪葬宝物最终被洗劫一空，拉美西斯的木乃伊也几经辗转，最终于 1881 年被法国埃及学家加斯顿·马斯佩罗发现，并安放在埃及国家博物馆内。

阿喀琉斯：半神之躯，英雄之魂

神话中的半神英雄

在古希腊有一位半神英雄的名字永远闪耀着不灭的光辉，他就是阿喀琉斯——那位以超凡的武艺和坚韧的意志，在特洛伊战争中书写传奇的英雄。

阿喀琉斯，又译阿基里斯、阿基琉斯，是海洋女神忒提斯与凡人英雄珀琉斯之子。他天生拥有神与人的双重血统，注定要在人间留下不朽的传奇。在阿喀琉斯出生后，他的母亲忒提斯得知他将会战死沙场，于是用天火烧去他凡人部分的躯体，并用神膏恢复，试图使他成为真正的不死之身。然而，命运似乎与忒提斯开了个玩笑，在即将完成这一壮举时，珀琉斯发现了妻子的举动，愤怒之下打断了忒提斯的计划，阿喀琉斯因此除了脚踝以外全身刀枪不入。

Achilles enraged ag.st Agamemnon, swears by his sceptor w.ch he throws to the Earth in the midst of the Assembly never more to Assist the Greeks: Nestor endeavours, but in vain to reconcile them.

▲阿喀琉斯之怒

特洛伊战争：英雄的舞台

特洛伊战争，这场旷日持久的战争，为阿喀琉斯提供了展示英雄本色的舞台。在这场战争中，阿喀琉斯凭借超凡的武艺和过人的智慧，成了希腊联军的中流砥柱。他率领迈密顿军队，在战场上所向披靡，令特洛伊人闻风丧胆。

在战争的初期，阿喀琉斯因与联军统帅阿伽门农发生争执，愤而离开战场。然而，当希腊联军陷入苦战，战局岌岌可危之时，他毅然决然地重返战场，以一己之力扭转了战局。在这场决定性的战役中，阿喀琉斯与特洛伊第一勇士赫克托耳展开了生死对决。经过激烈的交

▲木马通往特洛伊的入口

锋，阿喀琉斯终于凭借高超的武艺和坚定的意志，击败了赫克托耳，为希腊联军赢得了宝贵的胜利。

然而，命运似乎早已为阿喀琉斯安排好了结局。在一次战斗中，他遭到了特洛伊王子帕里斯暗箭的偷袭。这支由太阳神阿波罗指引的暗箭，准确地击中了阿喀琉斯的脚踝——他唯一的致命弱点。这位英勇无敌的半神英雄，最终倒在了血泊之中，结束了短暂而辉煌的一生。

英雄的传奇与启示

阿喀琉斯的故事，虽然以悲剧收场，但他所展现出的勇敢、智慧和牺牲精神，却始终屹立不倒。他不仅是古希腊神话中的传奇英雄，更是人类心中永恒的英雄典范。

在特洛伊战争中，他始终坚守在战场上，为希腊联军的胜利而英勇奋战。面对强大的敌人和艰巨的任务，他从未退缩过一步，展现出了坚定的信念和顽强的毅力。这种勇敢精神，正是我们在面对困难和挑战时所需要的品质。

在战场上，阿喀琉斯不仅能够凭借武艺击败敌人，更能够运用智慧化解危机。他善于观察和分析形势，制定出有效的战略和战术，使希腊联军在战争中屡战屡胜。这种智慧，不仅能够帮助我们在工作和生活中更好地应对各种挑战，还能够让我们在竞争中立于不败之地。

阿喀琉斯的牺牲精神更是我们应该学习的。在特洛伊战争中，他为了保护希腊联军和国家的利益，不惜牺牲自己的生命。他的牺牲，不仅为希腊联军赢得了胜利，更为人类历史留下了宝贵的精神财富。这种牺牲精神，正是我们应该在国家和民族需要时展现出来的品质。

阿喀琉斯的故事不仅是一部古希腊神话的传奇之作，更是人类历史上一部对勇敢、智慧和牺牲精神的赞歌。

尼布甲尼撒二世：巴比伦的辉煌与荣耀

英勇的征服者

尼布甲尼撒二世（约公元前 635 年—前 562 年），是新巴比伦开国君主那波帕拉萨尔之子，新巴比伦王国的第二任君主。他出生于公元前 635 年，自幼便跟随父亲征战沙场，展现出了非凡的军事才能和领袖魅力。在他的父亲年老体弱之时，尼布甲尼撒二世便多次独自指挥重要的战役，屡立战功，赢得了将士们的尊敬和拥护。

公元前 605 年，尼布甲尼撒二世正式继承王位，成了新巴比伦王国的君主。此时的他，正值壮年，雄心勃勃，决心要将新巴比伦王国推向一个新的高度。在他的统治下，新巴比伦王国迎来了一个繁荣鼎盛的时代。

尼布甲尼撒二世最为著名的征服之战，莫过于对犹太王国的征服。公元前 597 年，他率军围困耶路撒冷，迫使犹太国王投降。公元前 586 年，他再次亲征犹太王国，攻陷了耶路撒冷，并将犹太的国王、贵族及一般居民掳至巴比伦尼亚，史称"巴比伦之囚"。这一事件在《圣经》中也有所记载，成为了尼布甲尼撒二世征服生涯中的一段佳话。

▲尼布甲尼撒二世

除了征服犹太王国之外，尼布甲尼撒二世还对其他地区进行了扩张。他率军征服了叙利亚、巴勒斯坦地区的小国，使新巴比伦王国的版图不断扩大。在他的统治下，新巴比伦王国成了西亚地区的一个强国。

辉煌的建设者

尼布甲尼撒二世不仅是一位杰出的军事家，更是一位伟大的建设者。在他统治时期，新巴比伦王国大兴土木，修建了许多宏伟壮观的建筑物。

其中最著名的建筑便是"巴别通天塔"。这座塔高达数百米，是当时世界上最高的建筑。它的建造耗费了大量的人力物力，但尼布甲尼撒二世却毫不吝惜。他希望通过这座塔来彰显新巴比伦王国的繁荣和伟大，同时也希望它能够成为新巴比伦王国的一个象征。

除了"巴别通天塔"之外，尼布甲尼撒二世还修建了许多其他的建筑物。例如，他在巴比伦城修建了高大的城墙和100多座铜门，使得巴比伦城成了一个坚不可摧的堡垒。此外，他还在巴比伦城内修建了许多宫殿和庙宇，其中最著名的便是马尔杜克神庙。这座神庙供奉着巴比伦的主神马尔杜克，是巴比伦城内最宏伟的建筑。

然而，尼布甲尼撒二世最为著名的建筑却是那座被誉为"世界七大奇迹之一"的空中花园。这座花园位于巴比伦城的王宫之中，是一个由多层平台组成的巨大花园。花园中种植着各种奇花异草，树木葱郁，鸟语花香。据说，这座花园是为了取悦尼布甲尼撒二世的安美依迪斯王妃而建造的。王妃因为思乡之情而郁郁寡欢，尼布甲尼撒二世便下令建造了这座花园来安抚她的心情。这座花园的建造技术十分高超，它采用了许多先进的建筑技术来支撑起这座巨大的花园。因此，这座花园的建造也被视为尼布甲尼撒二世建筑才华的巅峰之作。

在尼布甲尼撒二世的统治下，新巴比伦王国的城市建设达到了一个前所未有的高度。巴比伦城成为了一个繁荣、美丽、壮观的城市，吸引了无数的游客前来参观。这座城市也成了新巴比伦王国的一个象征，代表着新巴比伦王国的繁荣和伟大。

▲〔荷兰〕老勃鲁盖尔《巴别塔》

▲巴别塔的建造

历史的评价

　　尼布甲尼撒二世是一位杰出的君主，他的征服和建设为新巴比伦王国带来了繁荣和荣耀。然而，他的统治也存在着一些问题。例如，他在建造建筑物时过度依赖奴隶劳动，导致了许多奴隶的死亡和逃亡。这使得他的统治在一定程度上受到了质疑。

　　然而，从历史的角度来看，尼布甲尼撒二世的贡献是不可磨灭的。他通过征服战争扩大了新巴比伦王国的版图，使得新巴比伦王国成为一个强国。同时，他也通过大兴土木，建设了许多宏伟壮观的建筑物，使得巴比伦城成了一个繁荣、美丽、壮观的城市。这些建筑物至今仍然是人类文化遗产的瑰宝，吸引着无数的游客前来参观。

　　此外，尼布甲尼撒二世还是一位具有远见卓识的君主。他深知一个国家的繁荣需要文化和教育的支持。因此，他鼓励人们学习文化和知识，支持文学和艺术的发展。在他的统治下，新巴比伦王国的文化和艺术也达到了一个前所未有的高度。

穆瓦塔里二世：赫梯的智勇之王

赫梯的崛起与穆瓦塔里二世的智谋

在古老的叙利亚巴勒斯坦地区，赫梯王国如同一颗璀璨的星辰，逐渐在西亚的历史天空中崭露头角。赫梯国王穆瓦塔里二世，正是这位智勇双全的君主，引领着赫梯走向辉煌。他的一生，充满了对权力的追求与智慧的较量，为后世留下了无数传奇。

赫梯王国位于小亚细亚半岛，这个地区长期受到周边强国如埃及、米坦尼和巴比伦尼亚的觊觎。然而，穆瓦塔里二世凭借着过人的智慧和勇气，成功地抵御了这些强国的侵略，巩固了赫梯的领土。

在军事方面，穆瓦塔里二世注重训练士兵，提高军队的战斗力。他亲自参与军事改革，引入了先进的战术和武器，使得赫梯军队在战场上所向披靡。同时，他还注重与其他国家的军事交流，学习先进的军事技术，不断提高自己的军事实力。

在外交方面，穆瓦塔里二世更是表现出了过人的智慧。他积极与其他国家建立友好关系，通过外交手段化解了多次危机。在埃及与赫梯的争霸战争中，穆瓦塔里二世更是凭借着自己的智谋，成功地抵御

了埃及的侵略，保卫了赫梯的领土。

卡迭石战役：智勇的较量

卡迭石战役是赫梯与埃及之间的一次重要战役，也是穆瓦塔里二世智勇双全的体现。在这场战役中，穆瓦塔里二世凭借着过人的智慧和勇气，成功地击败了埃及军队，保卫了赫梯的领土。

当时，埃及的法老拉美西斯二世率领三万大军向叙利亚推进，意图一举征服赫梯。穆瓦塔里二世得知消息后，迅速做出了反应。他集结了2万多人、2500多辆战车的军队，准备迎击埃及军队。

然而，穆瓦塔里二世并没有盲目地投入战斗。他采取了"兵不厌诈"的策略，故意放出假消息，让埃及军队误以为赫梯军队还在很远的地方。同时，他还派遣细作潜入埃及军队内部，搜集情报，为战斗做好充分的准备。

当埃及军队进入卡迭石城时，穆瓦塔里二世已经做好了战斗的准备。他利用地形的优势，设下了埋伏，等待着埃及军队的到来。当埃及军队进入埋伏圈时，穆瓦塔里二世一声令下，赫梯军队如同猛虎下山般向埃及军队发起了猛烈的攻击。埃及军队措手不及，很快就被赫梯军队击败。

卡迭石战役的胜利，不仅保卫了赫梯的领土，更让穆瓦塔里二世威名远扬。他凭借着过人的智慧和勇气，成功地击败了强大的埃及军队，展现出了赫梯国王的风采。

穆瓦塔里二世的治国之道与遗产

穆瓦塔里二世不仅是一位智勇双全的君主，更是一位深谙治国之道的明君。他注重国家的稳定和发展，通过一系列的改革措施，使得赫梯王国在他的统治下达到了鼎盛时期。

在经济方面，穆瓦塔里二世注重发展农业和手工业。他鼓励农民开垦荒地、种植作物，提高粮食产量；同时，他还支持手工业者提高技艺和产品质量。这些措施使得赫梯王国的经济得到了快速发展，为国家的繁荣奠定了基础。

在文化方面，穆瓦塔里二世注重发展教育事业。他建立了学校、图书馆等文化设施，为年轻人提供了良好的学习环境。同时，他还鼓励学者们进行学术研究、撰写著作，为赫梯文化的繁荣作出了贡献。

在政治方面，穆瓦塔里二世注重加强中央集权。他建立了完善的官僚制度、法律体系和军事制度，使得国家的政治生活更加有序、高效。同时，他还注重选拔人才、重用贤能之士，为国家的发展注入了新的活力。

穆瓦塔里二世的治国之道不仅使得赫梯王国达到了鼎盛时期，更为后世留下了宝贵的遗产。他的智慧和勇气成为了赫梯人民的骄傲和榜样；他的治国理念和改革措施为赫梯文化的繁荣奠定了基础；他的遗产也激励着后人不断追求进步、创造辉煌。